Helmut MAURER
Thomas J. NAGY

Schau mir auf die Lippen und hör mir zu

Mentoring als Geländer für sich und andere

Mit Reflexionen von

Burkhard Ellegast
Werner Sallomon
Ines Steinkogler-Wolschner
Sonja Zwazl

MEISTERKLASSE publishinghouse, Klosterneuburg
Weitere Veröffentlichungen von MEISTERKLASSE publishinghouse:
Coaching am Rande des Burnout
BURNOUT – Ring of Fire
Durch die Zeit der Trauer (CD)

Schau mir auf die Lippen und hör mir zu
MEISTERKLASSE publishinghouse
1. Auflage Mai 2013

Umschlaggestaltung und Satz: FRIEDL + partner
Titelfoto: Petra Spiola
Fotos: Peter Schaffer
Druck: Gröbner Druckgesellschaft m.b.H.
Gesamtherstellung: NAGY´s Kommunikations GmbH
Printed in Austria
ISBN: 978-3-9502164-7-9

www. meisterklasse.at

Helmut MAURER
Thomas J. NAGY

Schau mir auf die Lippen und hör mir zu

Mentoring als Geländer für sich und andere

Mit Reflexionen von

Burkhard Ellegast
Werner Sallomon
Ines Steinkogler-Wolschner
Sonja Zwazl

Zu diesem Buch

Es geht in diesem Buch um das Weitergeben von jahrzehntelangen Erfahrungen als Führungskraft, Sport- und Wirtschaftsmanager, aber vor allem als Mensch. Warum soll man nur aus Fehlern lernen? Im Gespräch werden Werte, Einstellungen und Haltungen beleuchtet und diskutiert. Daraus entstehen keine Dogmen, sondern Vorschläge, die zum Nachdenken, Aufnehmen, aber auch Ablehnen anregen sollen. All das soll jungen Menschen, aber auch erfahrenen Führungskräften, die als Mentoren begleiten wollen, als Geländer dienen, an dem sie sich im Laufe Ihres Lebens bei Bedarf festhalten können. Auf alle Fälle soll der innere Dialog gefördert werden, um so die Grundlagen für ein leichteres, freieres, eigenverantwortlicheres, glücklicheres und erfolgreicheres Leben zu schaffen.

Nachdem es im Leben stets auf die Perspektive ankommt, werden die Inhalte von Menschen reflektiert, deren Meinung Helmut Maurer seit vielen Jahren wichtig ist: dem Altabt des Stiftes Melk, Burkhard Ellegast, dem Obmann und Coach des Basketballklubs Klosterneuburg und Trainer der Basketball-Nationalmannschaft, Werner Sallomon, der Medizinerin und Psychotherapeutin Ines Steinkogler-Wolschner und der Präsidentin der Wirtschaftskammer Niederösterreich, Sonja Zwazl.

Zu den Autoren

Helmut MAURER war 47 Jahre in der Versicherungsbranche tätig, davon 32 Jahre als Landesdirektor - zunächst bei der Niederösterreichischen Versicherung, danach, bis zu seiner Pensionierung 2012, bei der Wiener Städtischen Versicherung. Von 1971 bis 1990 war er Manager und Präsident des Basketballclubs Klosterneuburg, mit dem er neun Mal Österreichischer Meister wurde.

Thomas J. NAGY studierte an der Wirtschaftsuniversität Wien, an der European Systemic Business Academy sowie am Interuniversitären Kolleg in Graz/Seggau. Er arbeitet als Gesundheitswissenschafter, Unternehmensberater, psycho-sozialer Berater sowie Systemischer Coach und ist Autor zahlreicher Fachbücher und CDs.

„Die Lebensgeschichte eines jeden Menschen ist ein Märchen, das von Gottes Hand geschrieben wird."

Hans Christian Andersen

Für Felix, meinen ersten Enkel.

Wintereinbruch in der Walster

THOMAS J. NAGY

Am Vortag hat es zu schneien begonnen, jetzt liegen gut 20 Zentimeter Neuschnee am Berg, im Wald, auf der Wiese. Heute ist der 3. Dezember, ich bin mit Helmut Maurer hier her gekommen, wir wollen an diesem Buchprojekt arbeiten. Die Walster ist sein Jagdgebiet, ist einer seiner Kraftplätze, wo er sich zum Innehalten und Nachdenken zurückzieht.

Bei der Herfahrt ist mir dieses Gebiet unbekannt erschienen, doch vor der Jagdhütte angekommen, erinnerte ich mich daran, dass ich schon zwei Mal Ende August vor zehn und vor zwei Jahren die Wiese vor dem Haus auf meinem Fußmarsch von Klosterneuburg nach Mariazell überquert habe. Wenige Schritte weiter kommt man ans Ufer des Hubertussees – wenn man es bis hier her geschafft hat, dann ist es bis nach Mariazell nicht mehr weit. Heute bin ich also das dritte Mal in der Walster, diesmal allerdings ohne Blasen an den Füßen.

Wir packen den Kofferraum aus: Lebensmittel, Getränke und jede Menge warme Kleidung. Das ist sehr wichtig, denn hier kann es bitterkalt werden. In der Hütte zünden wir das Feuer im Küchenherd und in der Stube an. Es riecht nach Streichhölzern, angebrannten Holzscheiten, verbranntem Papier und nach abgestandener Luft. Helmut öffnet die Fenster, lässt frische Luft in die Stube. Ich merke, dass er sehr geplant, sehr entschlossen und sehr routiniert vorgeht – er weiß ganz genau, was er tut, nicht nur hier in der Hütte.

Ich weiß noch nicht, wie ich das Buch konkret angehen soll, habe nur ein sehr gutes Gefühl, weil sich meine Haltungen und Werte in vielerlei Hinsicht mit denen von Helmut decken, aber auch, weil wir einander auf kongeniale Weise ergänzen. Ich bin kein Ghostwriter, sondern Autor. Ich bin aber auch Coach und weiß daher, wie man Menschen durch Aufgaben begleitet, so zum Beispiel auch den dreifachen Olympiasieger Felix Gottwald durch seine CD „Die Stille zum Erfolg“. Helmut kennt diese CD und meine Bücher, er hat mich ganz bewusst gefragt, ob ich mir dieses Projekt mit ihm vorstellen kann. Ja, das kann ich!

„Es soll keine Biografie werden, das interessiert niemanden. So wichtig nehme ich mich nicht", hat er wiederholt gemahnt. Er will sein Wissen und vor allem seine Erfahrungen an junge Menschen weiter geben, die an der Schwelle ins Berufsleben stehen. „Warum sollen die sich unnötig plagen? Warum sollen sie nicht auf meine Lebenserfahrungen zurückgreifen?" Auch angehende Führungskräfte sollen von seinem Know-how profitieren. „Firmen suchen MitarbeiterInnen, die nicht älter als 40 Jahre sind, aber Lebenserfahrungen wie ein 60jähriger haben sollten. Wer einen Mentor hat, schafft das auch. Helmut Maurer versteht sich als Mentor, als Förderer von Talenten – sei es in seiner sportlichen Vergangenheit oder auch in seiner Zeit als Versicherungsmanager.

Wir haben einige Vorgespräche geführt, um uns gegenseitig abzutasten und zu erkennen, ob wir einander mögen, verstehen und respektieren. Dabei haben wir uns daran erinnert, die gleichen Wurzeln zu haben: die Alte Kaserne in Klosterneuburg. In den Jahren 1846 bis 1849 wurde eine großzügige Pionierkaserne für damals vier Bataillone in der Klosterneuburger Oberen Stadt errichtet. Nach Ende des zweiten Weltkriegs war die Bereitschafts-Gendarmerie dort stationiert gewesen, und mit der Eröffnung der Pioniertruppenschule am neuen Gelände der Magdeburg-Kaserne war die Alte Kaserne kein militärisches Areal mehr.

Nach dem gescheiterten Aufstand 1956 flohen Tausende Ungarn nach Österreich, unter ihnen auch mein Vater. Über Stationen im Burgenland und Krems kam er nach Klosterneuburg, wo es in der alten „Stern Villa" (die Geschichte dieses Hauses wäre auch interessant zu recherchieren) ein Auffanglager für Ungarn gab. Mein Vater war damals 19 Jahre alt, hatte in Ungarn die Schule aufgegeben und war ohne einen Groschen Geld, nur mit wenigen Kleidungsstücken, im Dezember nach Österreich geflohen. Anfangs erhofften noch viele Menschen auf beiden Seiten der Grenze einen friedlichen Ausgang, doch der Putsch wurde gewaltsam niedergeschlagen und der Eiserne Vorhang aufgezogen. Mein Vater besuchte erst wieder 1977 als Österreicher seine alte Heimat.

Damals, in der Zeit des Ungarnaufstandes, kaufte das Schwedische Rote Kreuz das Alte Kasernengelände, um dort für Flüchtlinge eigene Wohnungen zu schaffen. Mein Vater bekam eine davon, Helmut Maurers

Vater eine andere. Der war als Gendarm aus Kottes im Waldviertel nach Klosterneuburg gekommen und erhielt in der Alten Kaserne eine Dienstwohnung. Es war gut, dass der „Inspektor Maurer" auch in der Kaserne wohnte.

Die Alte Kaserne wechselte danach in die Verwaltung der Stadtgemeinde, die dort Wohnungen an sozial schwache Familien vergab und das Gelände verfallen ließ. So kam es, dass Helmut und ich zunehmend von „Gesindel" umringt wurden. Da waren Diebe, Schläger, Betrüger, Hehler, Tachenierer und andere Gauner darunter. In diesem Milieu wurden der damals Pubertierende und ich, der kleine Bub, sozialisiert.

Damals schien mir diese Welt normal zu sein: das Spielen im Hof, die Abenteuer auf den Dachböden oder in den Kellerverliesen, die Jagd auf Ratten, von denen es genug gab. Blut auf den Stiegen infolge einer Schlägerei war für mich fast ein Normalzustand. Überhaupt gehörten Raufereien zum Alltag, ja, sogar harte Schlägereien waren für uns nichts Besonderes. Wir lernten, uns in der „Arena des Lebens" durchzusetzen, dort, wo tagtäglich um den Sieg und gegen die Niederlage gekämpft werden musste, obwohl es in der Folge nur sehr wenige Gewinner gegeben hat.

Helmut Maurer und ich sind heute der Ansicht, dass uns diese Zeit im Umgang mit Menschen, darunter durchaus verhaltensorginelle und in ihrer Persönlichkeit schwer auffällige, viel mehr genutzt als geschadet hat. Wir erinnern uns an einen erwachsenen Mann in kurzen Hosen, der wie ein Bub gekleidet war, aber auch schon auf die 40 zuging. Der „Dorfdepp" war immer mit seiner Mama unterwegs, hatte permanent Angst und pischte zum Ärgernis seiner Umgebung überall hin, zum Beispiel neben den Packtisch der damaligen KONSUM-Filiale. Die beiden hausten in einem Verschlag von vielleicht 20 Quadratmetern, dessen Tür mit eigenartigen Wörtern und Ornamenten bemalt gewesen ist. Überhaupt stapelten sich davor Pappendeckel und Sperrholzplatten voll mit Kritzeleien. Nach dem Tod der Mama übersiedelte er ins Haus der Künstler nach Gugging, wo er als Maler August Waller eine international viel beachtete Karriere machte. Was wäre aus ihm geworden, wenn er dort nicht seinen künstlerischen Mentor getroffen hätte?

Als wir älter wurden, schämten wir uns, in der Alten Kaserne zu wohnen. Helmuts Vater kaufte sich ein Mietshaus und mein Vater bekam einige Jahre danach eine Dienstwohnung des Stiftes Klosterneuburg. Lange haben wir beide diesen Teil unserer Vergangenheit verschwiegen, denn inzwischen war er uns peinlich geworden. Es hat Jahre und viele Gespräche gedauert, sie zu verarbeiten und für uns als sinnvoll und stärkend zu deuten. Da half auch nichts, dass Peter Patzak von der Alten Kaserne so inspiriert gewesen ist, dass er einige Folgen von „Kottan ermittelt" in den „Slums von Klosterneuburg" abdrehte.

Helmut Maurers Schwester konnte mit diesem Teil ihres Lebens nicht so gut umgehen, doch ihr Bruder geniert sich schon lange nicht mehr für seine Wurzeln. „Ganz im Gegenteil. Vor meiner Pensionierungsfeier in der Babenbergerhalle, zu der über 500 Leute gekommen sind, stand ich mit einigen hochkarätigen Gästen vor dem Eingang, als eine Frau an uns vorbei ging, mit der ich als Bub in der Alten Kaserne gespielt habe. Sie begrüßte mich überschwänglich auf ihre rustikale Art, und ich stellte sie den Gästen als Freundin aus Kindertagen in der Alten Kaserne vor."

Als Buben in der Alten Kaserne haben wir aber auch gelernt, unsere Fäuste zu gebrauchen, wenn Reden nutzlos erschien. Und so weiß auch Helmut von einigen Episoden zu berichten, die mit einer blutigen Nase oder einer geplatzten Lippe zu Ende gegangen sind. „Vielleicht liest ein Strizzi-Bub von einst mein Buch und wundert sich über meine heutige Einstellung, denn damals habe ich ihm eine ordentliche in die Goschn g´haut", erzählt er mit einem stillen Schmunzeln. Ich kenne mich aus.

Helmut war kein schlechter, aber ein schlimmer Schüler. Seine Eltern hatten es sicher nicht leicht mit ihm, erkennt er heute viel deutlicher als damals. Die Handelsakademie hat er abgebrochen, „ich bin aber nicht sitzen geblieben", dieser Zusatz ist ihm sehr wichtig. Danach hat er in einer Versicherungsgesellschaft zu lernen begonnen. „Dort hat sich meine Einstellung zum Lernen geändert, denn plötzlich erkannte ich, dass man alles fürs Leben brauchen kann." Damals wurde er von Generaldirektor Kristinius entdeckt, der Ende der 60er-Jahre einen Universitätslehrgang für Versicherungskaufleute aufzubauen begonnen und dafür Studenten gesucht hat. „Ich war einer der ersten, obwohl ich keine Matura hatte.

Doch Kristinus hat fest an mich geglaubt, und dieses mir entgegengebrachte Vertrauen wollte ich nicht enttäuschen. Also habe ich fleißig gelernt und die Chance genutzt, die sich mir geboten hat." So traf Helmut Maurer das zweite Mal auf einen Mentor – über den ersten erzählt er später mehr.

Mittlerweile ist es in der Stube warm geworden. Helmut hat während des Erzählens gekocht: Salami wird dünn geschnitten und angebraten, Trüffel-Öl kommt hinzu, dann werden gerührte und mit Salz und Pfeffer gewürzte Eier darüber gegossen. Fertig ist das Omelett. Danach gibt es Steinpilze-Risotto mit gebratener Hühnerbrust, dazu ein Glas Grüner Veltliner aus Niederösterreich. Nach dem Essen geht das Gespräch bei einem Spaziergang durch den winterlichen Wald weiter.

„Damals habe ich mir das erste große Ziel gesteckt: Ich wollte nicht bloß ein guter Versicherungsmitarbeiter sein, sondern Landesdirektor von Niederösterreich werden. Und das bin ich auch in zwei Versicherungen geworden." Dafür hat er einige Jahre in Fortbildungsseminaren verbracht, wo er von kompetenten Menschen sehr viele wichtige Inhalte vermittelt bekommen hat. Mit dem einen oder anderen konnte er allerdings nichts anfangen, doch lag es zum Großteil nicht an den Trainern, sondern an ihm und seinen Bewertungen. „Denn stets war ich bemüht, das für mich Relevante aufzunehmen und in mein Leben zu integrieren. Dabei geht es nicht um plumpes Kopieren, sondern um das Abgleichen mit meinem eigenen Weltbild, mit meinen Maßstäben, Werten und Prioritäten. Ich habe mich bemüht, nur das Beste davon zu behalten und für mich passend umzusetzen."

Helmut Maurer ist ein überzeugter Bauchmensch, der für sich die Erfahrung gemacht hat, dass seine Bauchentscheidungen zu 98 Prozent die besten waren. „Natürlich soll und darf man Herz und Hirn nicht vergessen, doch rückblickend weiß ich, dass die meisten Entscheidungen, die ich wider mein Bauchgefühl getroffen habe, nicht die richtigen gewesen sind." Er will nicht den Eindruck erwecken, alles zu wissen und nichts falsch gemacht zu haben. „Ganz im Gegenteil, es gab genug Augenblicke in meinem Leben, in denen ich mich daneben benommen habe, das gebe ich zu." Vor allem in jungen Jahren sind einige Kapitel seines

Lebens kein Ruhmesblatt gewesen, oft ist er nur durch Schaden klüger geworden, doch seine prägendste Erfahrung war eine Erkrankung, als er dreißig Jahre alt war. Innerhalb von zwei Tagen hat diese größte Katastrophe sein Leben völlig verändert.

Damals saß er mit einem älteren Kollegen in einem Rechtsschutz-Versicherungsseminar in Spitz an der Donau. In der Pause gab ihm dieser wertvolle Praxistipps und fragte den jungen Helmut auch nach seiner Meinung. Die Begegnung auf gleicher Augenhöhe hat ihm damals imponiert und sehr gut getan. Irgendwann fragte er den Älteren nach dessen gesundheitlichem Befinden. „Schlecht", sagte dieser, denn er hatte Hautkrebs mit Metastasen in den Lymphdrüsen. „Mir lief es eiskalt über den Rücken, denn seit einiger Zeit hatte ich selbst eine solche Hautveränderung am Bein." Der Kollege schickte ihn sofort zum Hautarzt und dieser operierte ihn schon am nächsten Tag. Das entnommene Gewebe – so groß wie ein Daumennagel – war bösartig. Diagnose: Hautkrebs.

„Ähnlich müssen sich die Menschen in den Hochwasser-Gebieten gefühlt haben, als sie im Jahr 2002 Opfer der Jahrhundertüberschwemmung geworden sind", den Versicherungsmanager kann Helmut nicht leugnen. „Ich war damals vor Ort und sah Wohnzimmer, in denen der Tisch davon schwamm. Oben stand noch die Blumenvase, nach einer Welle kippte alles und versank in den Fluten." Nach dem Wasser kam dann der Schlamm, der sich breit machte und alles unter sich begrub. „Ich sah, wie sich die Menschen plagten, um den Dreck aus ihren Häusern zu bekommen. Ich sah ihre Verzweiflung, ihre Tränen, aber auch ihre Kraft, nicht aufzugeben." Mühsam wurde alles gereinigt und trocken gelegt. Langsam kam wieder Ordnung in ihr Leben, der Neuanfang machte Fortschritte. „Meine Hautkrebserkrankung ist im Vergleich zu anderen ohne Chemotherapie gut ausgegangen, doch hatte er zur Folge, dass ich mein Leben völlig umgekrempelt habe." Damals fiel ihm eine kleine Fibel von Louise L. Hay in die Hände: „Heile deinen Körper". Körper, Geist und Seele waren bei ihm nicht heil, sie waren voll Schlamm und Dreck und mussten dringend gereinigt werden. Mit Selbstmitleid und negativen Gedanken konnte das nicht gelingen, er brauchte Orientierung, um da wieder raus zu kommen und den Neuaufbau zu schaffen. „Wenn es mir gelingen sollte, mein Haus neu zu errichten, dann wollte ich es möglichst schön haben. Das ist mir zum Glück gelungen. Ich lebe heute viel bewusster, bin glücklich und vor allem sehr dankbar." Sein älterer Kollege hat übrigens die Krankheit nicht überlebt.

Man muss nicht erst Krebs bekommen, um über die Dinge zu reflektieren, die im Leben wichtig sind. Wer sich dafür entscheidet, sein Leben bewusster zu führen, der wird auch die eine oder andere Anregung annehmen können, so wie sich Helmut Maurer stets an anderen Menschen orientiert hat – anfangs am Großvater und den Eltern, später dann an einer Vielzahl von Menschen, die ihn positiv beeinflusst haben. „Als ich krank war, habe ich eine Liste mit Namen von Menschen zu führen begonnen – lebende und auch verstorbene –, denen ich viel zu verdanken habe. Was genau, das habe ich neben die Namen geschrieben. Bis heute führe ich die Liste meiner Mentoren und vervollständige sie regelmäßig."

Helmut war ein sehr erfolgreicher Versicherungsmanager, aber in erster Linie ein Mensch, der mit allen konnte. Nicht umsonst war es ihm gelungen, von einer politisch „schwarzen" Versicherung zu einer damals „roten" zu wechseln und in dieser Funktion Brücken zwischen unterschiedlichen Parteien, aber auch zu den meisten Klöstern Niederösterreichs zu schlagen. Den Äbten der Klöster in Klosterneuburg, Altenburg, Göttweig, Herzogenburg, Melk, Seitenstetten, Zwettl und vielen anderen Häusern ist er freundschaftlich verbunden, der Altabt des Klosters Melk nimmt auf seiner Liste der Mentoren einen besonderen Platz ein. „Als ich Burkhard Ellegast kennen gelernt habe, war er ein sehr mächtiger Kirchenfürst. Aus meiner Sicht wäre er ein hervorragender Kardinal geworden. Doch nicht sein Amt hat mich fasziniert, sondern seine Persönlichkeit, seine unglaubliche Ausstrahlung und die Art, wie er Dinge ausdrückt. In den vielen Gesprächen mit ihm habe ich sehr aufmerksam zugehört und mich selbst mit meinen Ansichten und Werten durch ihn bestätigt gefühlt. Bestätigung ist für alle Menschen so wichtig, weil man erst durch den anderen zu sich selbst finden kann. Oft war ich unsicher, ob ich mit meiner Meinung richtig liege, da tat es gut, vom Benediktiner-Mönch bestätigt zu werden."

So wie Helmut Maurer geht es auch vielen anderen Menschen, vor allem dann, wenn sie noch jung und unerfahren sind. Sie suchen nach Vorbildern, nach Orientierung und nach Bestätigung. Sie brauchen Menschen, die ihnen zuhören, sie ernst nehmen und liebevoll begleiten. Mentoren sind solche Förderer, die ihr Wissen und ihre Erfahrungen weitergeben und gleichzeitig darauf achten, die Entwicklungsfreiheit und Kreativität nicht einzuschränken. „Ich bin kein Freund eines direktiven Stils, wenn es darum geht, anderen zu sagen, wie sie ihr Leben besser leben sollten, doch mag ich es, wenn Angebote vorgeschlagen werden, die auch abgelehnt werden dürfen, ohne dass man dadurch die Gunst des Mentors verliert." Im Austausch entstehen so neue Perspcktiven, außerdem können Problemsituationen wie auf einer Probebühne durchgespielt werden. Doch die Entscheidung und Verantwortung trägt nicht der Mentor, sondern immer der einzelne Mensch.

So soll dieses Buch ausgerichtet sein: keine Biografie, sondern Sinnsprüche, Erinnerungen und Lebensweisheiten. Und dennoch kann und darf der biografische Weg Helmut Maurers nicht verschwiegen werden, zeigt er doch, woher er kommt, wo seine Wurzeln liegen, welche Hürden er gemeistert hat, wie er sich im Laufe der Jahre verändert und vor allem an sich selbst gearbeitet hat.

Er ist aber auch ein Mann, der die Standpunkte anderer gelten lässt. Deshalb wollten wir auch Gespräche mit einigen von Helmuts Wegbegleitern führen und sie um ihre Meinungen, um ihre Standpunkte, um ihre Ansichten bitten: Burkhard Ellegast, Werner Sallomon, Ines Steinkogler-Wolschner und Sonja Zwazl. Vielleicht teilen sie seine Positionen oder sie zeigen Alternativen auf, die anders, aber gleichermaßen wertvoll sind.

Wir sind inzwischen bei einem Hochstand angekommen, den wir besteigen. Oft sitzt er stundenlang da, schaut sich nur die Landschaft und die vorüberziehenden Tiere an - und betet dabei. Er scheut nicht davor zurück, sich als gläubigen Menschen zu bezeichnen, auch wenn er mit manchem in der katholischen Kirche nicht einverstanden ist, auch wenn er in anderen Religionen viel entdeckt hat, das er als sinnvoll in sein Leben integrieren konnte. Seit seiner Krebserkrankung hat er einige Kraftplätze, an die er sich zurückzieht, um zu meditieren und zu beten: die Stiftskirche in Klosterneuburg, die Waldandacht, die Kirschen-Allee in Hadersfeld, das Rehabilitationszentrum Weißer Hof. Wenn es ihm nicht gut geht, wenn er unzufrieden ist, setzt er sich dort ins Café, wo er PatientInnen nach schweren Unfällen trifft, die auf das Leben mit Prothesen oder im Rollstuhl vorbereitet werden. „Da lerne ich schnell, worauf es im Leben wirklich ankommt und wofür man dankbar sein muss!"

Die Walster ist auch ein solcher Kraftplatz. Hier herrschen Stille und Ruhe. Schweigend sitzen wir nebeneinander am Hochstand und führen einen wortlosen Dialog über all die Dinge, die in diesem Buch Platz finden sollen. Wenn man sich versteht, dann braucht man keine großen Worte. Schneeflocken fallen zur Erde wie Tausende Erlebnisse und Ereignisse im Laufe eines Menschenlebens ...

Eine Frage der Haltung

Sonja Zwazl ist Präsidentin der Wirtschaftskammer Niederösterreich und hat ein Geschäft für Schönes & Rahmen in Klosterneuburg.

Wozu bin ich auf der Welt?

Wenn man jung ist, gehört einem die ganze Welt. Man hält sich für unsterblich und glaubt, unendlich viel Zeit zu haben. Es ist schön, aus dem Vollen zu schöpfen und sich selbst zu verwirklichen. So vergehen die Jahre, und am Ende des Lebens fragen sich viele, was sie mit der Zeit, mit den Fähigkeiten, mit den Chancen angefangen haben.

Die australische Krankenschwester Bronnie Ware hat jahrelang alte, sterbende Menschen begleitet und diese gefragt, was sie am meisten bereuen. Fünf Dinge wurden dabei am häufigsten genannt:

1. *Sie haben zu wenig ihr eigenes Leben gelebt und zu sehr versucht, die Erwartungen anderer zu erfüllen.*
2. *Ihnen war die Arbeit zu wichtig bzw. war die Sorge zu groß, sich mit weniger Arbeit das Leben nicht mehr leisten zu können.*
3. *Sie haben zu wenig Zeit mit Freunden und ihrer Familie verbracht.*
4. *Viel zu selten haben sie ihre Gefühle ausgedrückt, zu selten Menschen gesagt, dass sie diese lieben.*
5. *Sie haben sich zu wenig Freude gegönnt und den Augenblick zu wenig genossen.*

Durch meine Krebserkrankung rückte eine Frage in den Mittelpunkt meiner Aufmerksamkeit: Wozu bin ich auf der Welt? Welche Aufgabe habe ich und was passt am besten zu mir? Eines meiner Talente ist sicherlich der Verkauf. Schon als Bub habe ich mein Taschengeld durch den Verkauf von Wiesenblumen, Schneeglöckchen, Mistelzweigen und Kastanien aufgebessert. Auch meine Freunde habe ich damals als „Mitarbeiter“ eingesetzt.

Als Basketball-Funktionär waren mir Sieg und Erfolg wichtig, doch gab es noch eine andere Dimension: Jugendlichen eine sinnvolle Freizeitbeschäftigung abseits von der Straße, Drogen oder Computern zu zeigen. Deshalb habe ich mich für die Schaffung von Neigungsgruppen und die Errichtung eines Bundesleistungszentrums für Basketball in Klosterneuburg eingesetzt. Leider ist mir die Schaffung eines Basketballzweiges am Gymnasium nicht gelungen.

Als Versicherungskaufmann habe ich meine Berufung zum Beruf gemacht und dabei im Laufe der Zeit erkannt, dass es sich dabei um eine sehr wichtige soziale Aufgabe handelt. Mir war der wirtschaftliche Erfolg natürlich wichtig, doch ging es mir dabei immer auch um den Nutzen für unsere KundInnen. Und als Führungskraft wollte ich fachlich und sozial kompetenten Menschen einen Arbeitsplatz in der Nähe ihres Wohnsitzes schaffen, bei dem sie sich engagieren und Karriere machen konnten.

Heute, als Pensionist, sehe ich meine Aufgabe darin, junge Menschen zu bestärken, ihnen meine Erfahrungen als Perspektive mit auf den Weg zu geben und sie ein Stück des Weges zu begleiten. Führungskräften möchte ich wiederum zeigen, wie wichtig es ist, selbst motiviert zu sein, damit sie Vorbilder für ihre jungen KollegInnen sind.

Und als Ehemann, Vater und Großvater ist mir der Zusammenhalt in der Familie wichtig. Man kann unterschiedliche Meinungen vertreten, doch wenn es darauf ankommt, dann gibt die Familie großen Halt.

Wozu bin ich auf der Welt? Darüber sollte man in jeder Lebensphase nachdenken. Dabei komme ich zu dem Ergebnis: Weil ich die Menschen mag, mit ihnen wachsen möchte, sie ein Stück des Weges begleiten will und Nützliches für das Allgemeinwohl beitragen will. Das ist für mich eine sehr sinnvolle Aufgabe.

„Für mich besteht der Sinn des Lebens darin, die Fähigkeiten und Talente, die jeder Mensch mitbekommen hat, zu entwickeln und zu voller Blüte zu entfalten, um sie authentisch und verantwortungsvoll dem Gemeinwohl zur Verfügung zu stellen."

INES STEINKOGLER-WOLSCHNER

Die Richtigen am richtigen Platz

Wir leben in einer Gesellschaft, in einer Gemeinschaft, in einer Familie, in einem Team, in einem Unternehmen. Ich bin einer von vielen Menschen und jeder ist auf seine Weise besonders. Jeder hat seine Stärken und auch Seiten, die ihm schwerer fallen. Als Führungskraft habe ich gelernt, MitarbeiterInnen so einzusetzen, wie sie sich am besten entfalten und weiterentwickeln können. Das schafft den Mehrwert und bringt das Wachstum.

Als ehemaliger Sportler weiß ich, wie frustrierend und lähmend es ist, an der falschen Position eingesetzt zu werden. Auch wenn man sich noch so sehr bemüht, leistet eine innere Stimme permanent Widerstand. Da kann keine Leistung entstehen.

Als Führungskraft weiß ich, dass es gut ist, MitarbeiterInnen zu fordern und zu fördern, aber auch, dass es schlecht ist, sie zu überfordern. Mein Credo lautete dabei: Tu nichts, was du selbst nicht willst. Wenn ich mich in die Rolle des Mitarbeiters versetze, dann spüre ich Bereitschaft oder Widerstand. Habe ich ein ablehnendes Gefühl, dann muss ich mir Zeit zum Durchdiskutieren nehmen.

Meinen Grundsatz habe ich auch bei meinen Kunden angewendet. Ich habe ihnen nie eine Versicherung verkauft, von der ich nicht selbst restlos überzeugt gewesen wäre. Oft wäre es eine Leichtigkeit gewesen, einen Kunden zu überreden, doch wäre das nur ein sehr kurzfristiger Erfolg gewesen, denn er wäre dahinter gekommen und unsere Vertrauensbasis wäre durch meine Gier zerstört worden. Stattdessen habe ich Risiken und Kosten aufgezeigt und entsprechende Angebote gemacht. Die Letztentscheidung hat aber immer der Kunde getroffen. So sind langjährige Geschäftsbeziehungen entstanden, aus denen sich Freundschaften entwickelt haben, die über meine Pensionierung hinausgegangen sind.

„Es ist wichtig, die wesentlichen Dinge des Lebens, die Werte, den Umgang mit Menschen, die Umwelt, überhaupt, unser ganzes Leben zu achten. Für mich kommt das aus dem Glauben heraus."

Burkhard Ellegast

Lieber ein Ende mit Schrecken ...

Im Laufe meiner vielen Berufsjahre habe ich alle Versicherungsbereiche kennen gelernt und weiß um die jeweiligen Stärken und auch Schwächen. Ich kenne alle Vor- und Nachteile der jeweiligen Positionen. Als Führungskraft war es meine Aufgabe, die richtigen Teams zusammenzustellen. Das ist mir zum überwiegenden Teil sehr gut geglückt. Manchmal habe ich mich geirrt, dann musste ich nachjustieren. Manchmal waren auch die MitarbeiterInnen den Anforderungen nicht gewachsen, da lautete mein Motto: Lieber ein Ende mit Schrecken, als ein Schrecken ohne Ende.

Wenn ich später den einen oder anderen von mir gekündigten Mitarbeiter wieder getroffen habe, konnten wir uns ohne böse Stimmung begegnen, und oft hörte ich, dass die Kündigung neue und bessere Türen geöffnet hat.

Ich habe sehr viele MitarbeiterInnen aufgenommen und mich auch von einigen getrennt. Das war nicht immer eine leichte Entscheidung, doch aus heutiger Sicht war jede richtig. Zwei Mal war ich im Laufe meiner Karriere als Chef vor dem Arbeitsgericht und beide Male wurde mir Recht gegeben. Das bedeutet viel, wenn man weiß, dass dieses Gericht sehr stark die Arbeitnehmerinteressen vertritt.

„Ich nehme den anderen Menschen so, wie er ist, und nicht so, wie ich ihn gerne haben möchte – was nicht bedeutet, dass er sich nicht in manchen Bereichen ändern müsste."

Burkhard Ellegast

Ein Mensch musst du bleiben

Wenn ich mich ein paar Jahre zurück erinnere, so fällt mir das Schlagwort „Wirtschaftsethik“ ein. Die Medien waren damals voll mit Beiträgen darüber, es gab jede Menge Vorträge und Seminarangebote und man gewann den Eindruck, als würde ein positiver Ruck durch das Wirtschaftsleben gehen.

Wenn ich heute die Schlagzeilen der Zeitungen lese, wird täglich ein anderer Manager oder Politiker entlarvt, weil er korrupt, betrügerisch, gierig, dumm oder alles zusammen gewesen ist. Die Wurzeln für sein Handeln hat er in Zeiten der „Wirtschaftsethik“ gelegt. Ethik und Moral sind bloß leere Worte, wenn man sie nicht mit Taten füllt. Nur an ihnen erkennt man die Qualität der Menschen. Mir fällt auf, dass die Gier in allen Gesellschaftsschichten sehr stark verbreitet ist und vielleicht sogar zugenommen hat. Das mag früher auch so gewesen sein, doch heute wird Geiz als „geile“ Tugend propagiert. Wenn Menschen wie Niki Lauda, dem mein voller Respekt als erfolgreicher Rennfahrer gilt, ungeniert damit werben, nichts zu verschenken zu haben, nur das Nehmen, den Profit und den Gewinn im Sinn haben, dann deckt sich das nicht mit meinen Werten. Tut mir leid!

Eine ganz andere Unternehmerqualität ist für mich Karlheinz Essl, der Baumax-Gründer, der wirtschaftlich und gesellschaftlich sehr viel Gutes tut. Ich denke da an das Essl-Museum, an die Förderung junger Künstler, aber auch an die Errichtung der evangelischen Kirche in Klosterneuburg und an die vielen Arbeitsplätze, die er für Menschen mit Behinderungen geschaffen hat. Heute, wo es dem Unternehmen wirtschaftlich nicht so gut geht, refinanziert er aus seinem Privatvermögen. Das, was er aus eigener Kraft aufgebaut hat, will er auch mit eigener Kraft retten. Das imponiert mir sehr und erscheint mir ethisch und moralisch schwer in Ordnung zu sein.

„Man spürt in der Tiefe des Herzens immer, worauf es ankommt.
Und da braucht es schon gewisse Wertmaßstäbe.“

BURKHARD ELLEGAST

Geh nicht blind durchs Leben

Sie kennen sicher die Geschichte vom „Hans-Guck-in-die-Luft". Kennen Sie auch so viele Leute, die unbeeindruckt von den Ereignissen des Alltags durchs Leben gehen, als ginge sie alles nichts an? Als Versicherer habe ich gelernt, genau hinzuschauen: Was erkenne ich? Wo ist der Bedarf? Was braucht der Kunde? Ich habe auch gelernt, genau hinzuhören: Was ist die eigentliche Botschaft? Was wird – bewusst oder unbewusst – nicht erzählt? Und ich habe mit meinem Bauchgefühl wahrgenommen: Was stimmt da nicht? Was will mir mein Gefühl sagen?

Wer fragt, der führt. Kunden sind kundig und wissen genau, was sie brauchen und was sie wollen. Als Berater finde ich dann die passenden Angebote, wobei ich nichts einrede, sondern das Richtige empfehle.

Achtsamkeit ist auch ein sehr strapaziertes Wort. Seminare werden angeboten, weil viele Menschen offenbar den Kontakt zur Umwelt verloren haben. Wer sich als Teil der Welt erlebt, fühlt sich auch mit seinen Mitmenschen, den Tieren, den Pflanzen, der Natur verbunden. Dadurch erlebt man, was ist, was rund um uns vorgeht. Wir haben unsere fünf Körpersinne und einen sechsten, die Intuition. Wenn wir sie täglich trainieren, wird es unmöglich sein wegzuschauen. In der Meditation achte ich auf meine Chakren und höre auf meinen Körper – auf meinen Atem, auf meinen Herzschlag. Bewusst frage ich mich jeden Tag: Was siehst du? Was hörst du? Was fühlst du? Was riechst du? Was schmeckst du?

Im Laufe des Lebens trifft man immer wieder auf unaufgeräumte Situationen. Wer hinschaut, der will auch etwas tun, der will auch etwas verändern. Erkenne die Notwendigkeit und setze sie um – jetzt! Voraussetzung ist, dass man auch seine Bedürfnisse sieht, hört, fühlt. Achtsamkeit beginnt bei sich selbst.

„Für mich ist das Beten eine Auseinandersetzung mit der Situation, in der ich im Augenblick stehe."

BURKHARD ELLEGAST

Große Dinge sieht jeder, den Augenblick übersehen viele

Früher habe ich sehr intensiv gelebt, wenig ausgelassen, mir und meinem Körper sehr viel zugemutet. Der Krebs hat mich dann in die Schranken verwiesen. Durch die Krankheit habe ich gelernt, jeden Augenblick zu genießen, man weiß ja nicht, wie viel Zeit man noch vor sich hat. Heute lebe ich noch viel intensiver, weil viel bewusster. Ich blicke auf bislang zwei Leben zurück und möchte mindestens noch ein drittes erleben.

Im Laufe der Jahre habe ich viele junge Menschen getroffen, die auf mich wie Greise gewirkt haben: hoffnungslos, antriebslos, freudlos, ziellos, sinnlos ... Ich habe auch viele alte Menschen getroffen, die der Vergangenheit nachgetrauert haben. Wir brauchen die Vergangenheit, weil wir uns an unseren Erfahrungen orientieren. Das macht Sinn. Ohne diese Fähigkeiten wären unsere Vorfahren nicht erfolgreich bis hier her gekommen. Doch das sentimentale Schwelgen in längst vergangenen Zeiten bringt niemanden weiter, macht melancholisch und zieht viele Menschen hinunter.

Hier und jetzt lebe ich, nur in diesem Augenblick schlägt mein Herz, atmet mein Körper, sehen meine Augen, riecht meine Nase, fühlen meine Hände, denkt mein Kopf. Das will ich möglichst bewusst erleben. Als ich gelesen habe, dass ein durchschnittlicher Achtzigjähriger nur acht Jahre bewusst gelebt hat, habe ich begonnen, für mich die Quote zu erhöhen. Dadurch lebe ich heute präsenter, mein Leben bekommt mehr Inhalt und meine Sinne erfassen mehr positive Reize. Oft verstellen die großen Dinge die Sicht auf den Augenblick. Im vergangenen Sommer habe ich eine Sonnenblume mitten durch den Asphalt der Autobahn wachsen gesehen.

„Jeder Mensch lebt in seinem physischen Körper zwangsläufig hier und jetzt. Lediglich mit unseren Gedanken können wir uns mit der Zukunft und der Vergangenheit beschäftigen, was auch meist notwendig ist: Ich muss für die Zukunft planen und dabei meine Erfahrungen aus der Vergangenheit reflektieren und integrieren. Darum ist es sehr entlastend, hin und wieder sich des Hier und Jetzt bewusst zu sein, wie z.B. in der Meditation, oder sich dem sinnlichen Genuss des Augenblicks hinzugeben."

Ines Steinkogler-Wolschner

Wenn du es eilig hast, gehe langsam: „Pole, pole!“

Eines meiner privaten Ziele war es, einen großen Berg zu besteigen. Ich war schon sechs Mal am Großglockner. Dafür habe ich trainiert und technisch sehr viel gelernt. An einen Achttausender habe ich nicht gedacht, das wäre nicht realistisch gewesen, doch den Kilimandscharo – immerhin 5895 Meter hoch - habe ich mit einem Freund bestiegen. Für ihn galt bis dahin die Maxime, möglichst schnell auf den Berg rauf und möglichst rasch wieder runter zu sprinten – Berge im Rekordtempo zu erobern.

Die Versuchung war groß, in Afrika durch die verschiedenen Klima- und Vegetationszonen hinauf auf den Gipfel zu eilen. Doch unser afrikanischer Führer ließ das nicht zu, denn er hat uns ein sehr wichtiges Wort auf Suaheli beigebracht: „Pole, pole“ – das bedeutet „langsam, langsam“. Ein zu rascher Aufstieg verursacht die Höhenkrankheit und bedeutet Lebensgefahr!

„Pole, pole“, habe ich immer wieder meinen Mitarbeitern gesagt, wenn sie im Eifer des Gefechts davon galoppieren wollten. Zu hohes Tempo führt zu unnötigen Fehlern, außerdem macht Stress krank. Mit „Hudeln“ erreicht man sein Ziel nicht. Das weiß ich auch als Jäger. Den Jagderfolg muss man auch geduldig ersitzen und erwarten können. Ausdauer und Beständigkeit sind gefragt. Dabei ist es wichtig, das Ziel nicht aus den Augen zu verlieren, und wenn der Zeitpunkt reif ist, konsequent umzusetzen.

„Das Übermaß bringt den Untergang mit sich – nicht nur in großen, tragischen Geschehnissen, sondern auch im gewöhnlichen alltäglichen Umgang miteinander.“

Burkhard Ellegast

Eine Frage des Anstands

Im Coaching ist eine Begegnung auf gleicher Augenhöhe wichtig, das ist für mich auch Ausdruck meines Menschenbildes. Im Laufe meines Lebens habe ich Reiche, Mächtige, Prominente ebenso kennen gelernt wie Arme, Obdachlose, Kriminelle und zum Großteil ganz normale Menschen. Mit allen habe ich eine Gesprächsbasis gefunden, weil ich ihnen als Mitmensch begegnet bin, egal, was sie gehabt, geleistet oder angestellt haben. Auch wenn ich so manches nicht nachvollziehen konnte, habe ich mich bemüht, den Menschen zu respektieren und in seiner Würde wertzuschätzen.

Anstand ist heute ein altmodisch erscheinender Begriff, den leider viele Menschen vergessen haben. Ich habe Kleinkriminelle kennengelernt, die auf ihre Weise mehr Anstand hatten, als große Wirtschaftsbosse. Anstand hat man oder man hat ihn nicht – diese Meinung teile ich nicht. Jeder muss aktiv etwas tun, um als anständig zu gelten. Was das ist, darüber urteilt zum Teil die Gesellschaft, doch zum Großteil das eigene Gewissen.

„Es ist im Grunde nur wichtig, dass man immer wieder in sich selbst spürt, was gut und richtig ist. Jeder Mensch hat ein Gewissen."

Burkhard Ellegast

Erst denken, dann reden

Ich habe mich stets bemüht, meine Meinungen und Ansichten offen auszusprechen und durchzusetzen, wenn ich davon überzeugt gewesen bin, dass sie richtig waren. Und ich habe Menschen geschätzt, die zu ihrer Meinung gestanden sind, auch wenn sie nicht meiner entsprochen hat. Wesen des Disputs ist es, so zu argumentieren, dass man den anderen überzeugt – nicht überredet.

Führungsarbeit ist für mich auch Überzeugungsarbeit. Natürlich gibt es Situationen, in denen man Dinge anschaffen muss, weil Gefahr in Verzug und rasches Handeln gefragt ist. Als Manager muss man dafür die Verantwortung übernehmen – auch oder gerade dann, wenn man aufgrund von Zeit- oder Informationsengpässen nicht die beste Wahl getroffen hat.

Im Normalfall ist es allerdings wichtig, dass MitarbeiterInnen über Hintergründe und Zusammenhänge informiert werden. Wenn sie erkennen, dass sie ihre Ressourcen einbringen können, dürfen und sollen, werden sie auch dazu stehen und den Sinn nachvollziehen.

Wenn sie einen besseren Vorschlag haben, dann müssen sie ihn auch einbringen, argumentieren und verteidigen. Das erfordert sicherlich Courage und trennt in der Praxis die Führungspersönlichkeiten von den Geführten.

Gedankenloses Gerede ohne Hand und Fuß, ohne Ziel und ohne Sinn lehne ich jedoch vehement ab. Innehalten, nachdenken, abwägen, begründen und überzeugen zahlen sich allerdings aus.

„Es ist wichtig, eine Meinung zu haben und diese auch zu vertreten. Ich glaube aber auch, dass man in einer Gemeinschaft akzeptieren muss, dass jemand eine andere Meinung hat. Ich muss für meine Meinung kämpfen, aber auch so manches akzeptieren.“

Burkhard Ellegast

Hart, aber fair

Das Wirtschaftsleben ist sicherlich härter geworden. Weltwirtschaftskrise, Engpässe, Zeitmangel, erhöhter Wettbewerb und vieles mehr machen das Berufsleben nicht einfacher.

Als aktiver Basketballer und Funktionär weiß ich, dass auch im Sport der Wettkampf härter geworden ist. Heute geht es im Spitzensport um sehr viel Geld, da heiligt der Zweck oft die Mittel. Doping, Wettbetrug und andere Regelverstöße sind die Schattenseiten dieser Entwicklung. Auch in der Wirtschaft werden mittlerweile Korruption, Kursmanipulationen und anderer Betrügereien sehr streng verfolgt und hart bestraft.

Als ehemaliger Sportler habe ich im Match immer alles gegeben und harte Zweikämpfe nicht gescheut. Körpereinsatz gehört dazu und entscheidet oft zwischen Sieg und Niederlage. Dabei habe ich mich auch am Rande der Legalität bewegt – was die Regeln zugelassen haben, das habe ich auch ausgeschöpft, um einen Vorteil zu haben. Bis an die Grenze bin ich gegangen – aber keinen Schritt darüber hinaus. Und wenn doch, dann gab es eine Strafe.

Zur sportlichen Fairness gehört es, dass man nach einem Spiel – egal, ob als Sieger oder als Verlierer – dem Gegner die Hand gibt und sich respektvoll verabschiedet. So sind viele erbitterte Gegner im Laufe der Jahre sehr gute Freunde geworden.

"Fair-Play ist eine Sache der Regeln, die es einzuhalten gilt,
aber auch eine Sache des Charakters, sie auch wirklich einzuhalten.
Weil im Leben ja viele Regeln auch gebrochen werden,
gehört Charakterstärke unbedingt dazu."

WERNER SALLOMON

Dankbar schläft man besser

Spätestens seit meiner Krebserkrankung weiß ich, dass es nicht selbstverständlich ist, am nächsten Morgen aufzuwachen. Es ist auch nicht selbstverständlich, in diesem schönen Land mit seinen landschaftlichen, gesellschaftlichen und sozialen Angeboten zu leben. Vielleicht liegt es in der Natur des Menschen, all das zu übersehen und stattdessen zu raunzen, zu klagen und den Span im Auge des anderen zu sehen.

Als Versicherer habe ich unzählige Schadensfälle und Menschen in großer Not gesehen. Ich habe Tränen, aber auch sehr viel Hoffnung und Mut erlebt. All diesen Schicksalen, den damit verbundenen Männern, Frauen und Kindern bin ich mit großer Demut begegnet. Versicherungen können nur für finanziellen Ausgleich sorgen, mit meinem Team konnte ich nur den materiellen Teil des Schadens und Verlustes ausgleichen. Alles andere haben die Leute aus eigener Kraft geschafft: Mut, Hoffnung, Kraft zum Neubeginn, Humor ...

Wenn ich mich jeden Tag am Abend niederlege, schaue ich auf meinen Tag zurück und bedanke mich für all das Schöne und all die Möglichkeiten, etwas Neues gelernt zu haben. Ich bin aber auch nachsichtig mit meinen Fehlern und nehme mir vor, es morgen besser zu machen. So schlafe ich viel besser.

„Dankbarkeit meint, dass man mit dem zufrieden ist, was das Leben bringt, und dass man das nicht selbstverständlich nimmt."

BURKHARD ELLEGAST

Aus Fehlern wird man klüger

Einer der Gründe, der Menschen ins Burnout treibt, ist der Perfektionismus, ist der Zwang, alles optimal erledigen zu wollen. Das geht sich aber nicht aus, denn wir leben in der bestmöglichen, aber nicht in der optimalen Welt. Duale Polaritäten unterscheiden zwischen gut und böse, schwarz und weiß, richtig und falsch. Dabei werden die wichtigen Zwischentöne übersehen. Genau aus diesen Zwischentönen besteht aber die bunte Vielfalt unseres Lebens.

Die größten Errungenschaften der Forschung sind nicht die Folge von genialen Erfindungen, sondern die Konsequenz aus Fehlern, Irrtümern und erfolglosen Versuchen. Wie viele Wissenschaftler müssen sich irren, bevor einer das richtige Ergebnis findet?

Im Laufe der Jahre habe ich unzählige Fehler gemacht, jeden Tag kommen neue hinzu. Im Laufe der Jahre habe ich daraus aber eine Menge gelernt und sehr viel besser gemacht. Fehler sind für mich die Chance, es anders zu machen und einen besseren Weg zu finden.

Im Berufsleben sollte auf eine Fehlerkultur großer Wert gelegt werden. Danke, dass wir die Gelegenheit hatten, daraus zu lernen. Kein Mitarbeiter soll Fehler vertuschen müssen, erst durch das Aufzeigen entsteht für alle der Mehrwert. Kein Mitarbeiter soll aber denselben Fehler ein zweites Mal machen, denn das ist für mich Blödheit. Aus solchem Schaden muss man nicht klüger werden.

„Wenn ich draufkomme, dass ich bei irgendetwas blöd war,
dann kann ich nach einiger Zeit darüber hellauf lachen.
Wenn man wieder lachen kann, dann hat man´s geschafft!"

Burkhard Ellegast

Gerechtigkeit und Fairness

Nur wenn ich von anderen Menschen das verlange, was ich selbst zu geben bereit wäre, kann ich mir ruhigen Gewissens in die Augen schauen. Als Sportler habe ich gelernt, mich an Spielregeln zu halten. In der Wirtschaft und auch im Privatleben gibt es Regeln. Gesetze sind ein wichtiger Rahmen, darüber hinaus gibt es auch die Regeln, die als gesellschaftliche Usance gelten.

Ist es angemessen, wenn Manager riesige Bonuszahlungen oder Abfertigungen erhalten? Wenn diese Teil ihres Vertrages sind und sie fair ausgehandelt wurden, dann ja. Ist es gerecht, wenn Manager ein Vielfaches des durchschnittlichen Mitarbeitergehaltes verdienen? Wenn sie dafür auch entsprechende Leistung erbringen, Entbehrungen in Kauf nehmen, Risiken tragen, Verantwortung übernehmen und die wirtschaftliche Situation des Unternehmens eine solche Zahlung zulässt, dann spricht für mich nichts dagegen.

Werden die MitarbeiterInnen, Aktionäre und das Unternehmen jedoch ausgebeutet und abgezockt, besteht ein Ungleichgewicht zwischen Nehmen und Geben und sind die falschen Leute am falschen Platz, dann handelt es sich um Verstöße, die nicht nur unfair und ungerecht sind, sondern auch fahrlässig und kriminell.

Ich habe gelernt, dass jeder das zurück bekommt, was er verdient. Die Mühlen der Gerechtigkeit mahlen oft langsam, doch irgendwann begegnet man sich ein zweites Mal. Vielleicht ist das dann auch der rechte Augenblick.

„Wenn Manager nicht auf die Hygiene achten,
bei Firmengeschäften auch auf ihren Vorteil schauen und sich bereichern,
dann finde ich das nicht in Ordnung.
Aber ehrliche Leistung muss belohnt werden."

Sonja Zwazl

Nur kein falscher Ehrgeiz

Ich war immer ein Manager, der klare Ziele verfolgt und konsequent seinen Weg gegangen ist. Ich habe als Landesdirektor immer MitarbeiterInnen geschätzt, die ehrgeizig ihre Karriere im Auge behalten haben. Als Sportler weiß ich, wie wichtig der Wettbewerb ist, um Höchstleistungen zu erbringen. Und ich weiß auch, wie groß die Freude ist, wenn man sein Ziel erreicht hat und sich der Erfolg einstellt.

Sieger erkennt man am Start – Verlierer auch! Wettbewerb eint am Beginn und trennt auf der Ziellinie bzw. mit der Schlusssirene, dazwischen gelten strenge Regeln. Wer im Berufsleben die Regeln des fairen Wettbewerbs verletzt, wer versucht, durch beinharte Ellenbogentechnik den anderen aus dem Spiel zu bringen, der war für mich nie der richtige Spieler. Natürlich wird gestoßen und gedrängt, natürlich gibt es Fouls, doch für gefährliches oder unfaires Spiel muss es die Rote Karte geben!

Im Sport – egal ob Fußball oder Basketball – ist die Spielweise härter geworden. Die Spieler sind aber auch athletischer, kräftiger und trainierter. In der Wirtschaft geht es auch härter zu, Globalisierung und Wirtschaftskrise sorgen für härtere Wettkämpfe. Dennoch müssen Regeln gelten, die fair und ethisch sauber sind. Sie einzuhalten, ist für mich professionell.

„Ohne Regeln geht wahrscheinlich sehr wenig im Leben, weil es sonst zu einem gewissen Chaos ausartet. Daher glaube ich, dass es überall Grundregeln geben muss, um sich zu orientieren. Die Frage ist immer, wie eng so ein Regelwerk gestrickt ist."

Werner Sallomon

Konsequenz und Entschlossenheit

Große und wichtige Entscheidungen habe ich niemals spontan getroffen. Ich habe mir Zeit gelassen, zumindest eine Nacht lang über die Sache geschlafen, mich beraten, nachgedacht und abgewogen. Dabei habe ich eine Plus-/Minusliste geführt: Was spricht dafür, was dagegen? Am Ende habe ich die Argumente der beiden Spalten gegenübergestellt. Es kam der Punkt, an dem eine klare Entscheidung getroffen werden musste. Führungskräfte werden unter anderem dafür bezahlt.

Ich mag keine Zauderer und Zögerer, die Entscheidungen hinaus schieben und hoffen, dass sich die Dinge wie durch ein Wunder von allein erledigen, oder ein anderer für sie die Verantwortung übernimmt. Bin ich von einer Sache überzeugt, dann handle ich entsprechend und gehe konsequent meinen Weg.

Handschlagqualität ist mir in diesem Zusammenhang sehr wichtig. Ich schätze Menschen sehr, die zu ihrem Wort stehen und gar keine Verträge brauchen würden, weil ihr Ehrenwort und ihr Handschlag Bestand haben.

Ich bin auch kein Freund von faulen, einseitigen Kompromissen, denn solche richten sich gegen einen selbst. Mir fällt dazu eine Stelle aus dem Matthäus-Evangelium ein: „Eure Rede aber sei: Ja, ja; nein, nein. Was darüber ist, das ist vom Übel."

„Es muss eine Leitung da sein, das ist keine Frage, aber es ist immer wieder wichtig, wie diese Leitung agiert. Ich habe mich als Lehrer, als Priester und als Abt immer als einer der Gemeinschaft gesehen, der versucht hat, die anderen in menschlicher Weise zu leiten."

Burkhard Ellegast

Wenn du stolperst, musst du wieder aufstehen

Wenn ich an so manche Sportskanonen denke, dann sind einige „hätt i, tät i, wär i"-WeltmeisterInnen darunter. Unglaublich groß ist die Kreativität, wenn es um Gründe, Ausreden und Ausflüchte geht, weshalb man den Erfolg knapp verpasst hat. Man ist zwar moralischer Sieger, aber die Medaille hat ein anderer.

Auch im Wirtschaftsleben gibt es solche verhinderte Tycoons, die alles anders und besser gemacht hätten, wenn sie gefragt worden wären. Es gibt aber auch jene, die sich als Opfer und Unschuldslämmer sehen, denen das Leben mit seinem Schicksal übel mitgespielt hat. Es gibt Menschen, die großes Pech hatten und „unschuldig" zum Handkuss gekommen sind. Es gibt aber auch solche, die sich wie Marionetten vorkommen müssen, weil andere an ihren Fäden ziehen.

Ich war weder eine Marionette noch eine Handpuppe, ich habe die Regie meines Lebens stets aktiv und eigenverantwortlich mitgestalten wollen. Vor Überraschungen ist man nicht gefeit, doch wie wir damit umgehen, liegt an uns. Im Laufe des Lebens gibt es Hindernisse, man kann stolpern und auch hinfallen, doch muss man wieder aufstehen und weiter gehen. Wer liegen bleibt, bleibt auf der Strecke.

„Wenn man mit Niederlagen gut umzugehen lernt,
kann man ein Sieger werden."

Werner Sallomon

Wahre Freunde erkennt man in schlechten Zeiten

Ich konnte und wollte als Mitarbeiter immer nur einem unmittelbaren Chef treu dienen. Gibt es zwei oder drei Vorgesetzte, kommt es zu Missverständnissen, Intrigen und Loyalitätskonflikten. Ich habe bei Neuanstellungen daher auch immer darauf geachtet, dass MitarbeiterInnen nur von ihren unmittelbaren Vorgesetzten ausgewählt worden sind.

Natürlich habe ich mich bei der Auswahl auch mit KollegInnen beraten, doch die letztendliche Verantwortung lag bei mir. Und als ich Landesdirektor geworden bin, habe ich mir mein Team zusammengestellt. Viele MitarbeiterInnen habe ich übernommen, weil sie an der richtigen Stelle gewesen sind, von anderen habe ich mich getrennt, weil sie geglaubt haben, schon einige Direktoren „auf einer Arschbacke" abgesessen zu haben.

Sportler wissen, dass mit den größten Triumphen auch die Zahl der Freunde steigt, die sich im Erfolg sonnen wollen. Doch erst in der Krise, nach den schlimmsten Niederlagen, erkennt man, wer einem auch im Schatten beisteht. Diese Menschen waren und sind mir die treuesten Wegbegleiter.

„Zur Freundschaft gehört auch,
dass man am anderen etwas akzeptiert,
das einem nicht so passt."

BURKHARD ELLEGAST

Geben gehört zur Verantwortung

„Wir arbeiten mit den Einrichtungen des geistig-kulturellen Lebens, den sozialen und öffentlichen Institutionen und ihren Vertretern und den Teilnehmern am Wirtschaftsleben zusammen, weil wir in unserer Region Verantwortung tragen und das Land mitgestalten wollen", diese Worte habe ich bei meiner Antrittsrede bei der Wiener Städtischen Versicherung gesagt und dazu stehe ich noch heute. Mitgestalten bedeutet, einen aktiven Beitrag zu leisten, sich dafür einzusetzen und etwas zu geben. Wer gute Saat streut, wird auch gut ernten.

Eine Beziehung auf Nehmen aufzubauen, führt zu dem, worüber die Zeitungen derzeit schreiben: Korruption! Hand aufhalten und einstreifen führt immer zu einem Ungleichgewicht, das auf Kosten einzelner oder sogar des Staates geht.

Geben und Nehmen sollten immer in Balance und vor allem angemessen sein. Bitten und Danken, habe ich als Bub gelernt. Das sind Werte, die auch heute noch Bestand haben.

„Jungen Menschen gegenüber ist es wichtig,
ihnen immer wieder Verantwortung zu übertragen
und so die Eigenverantwortung zu fördern."

Burkhard Ellegast

Eine Frage des Stils

Mein Spitzname ist „James", und oft werde ich gefragt, wie ich dazu gekommen bin. Manche glauben, es liegt an meinem dunkelblauen Blazer, an der Krawatte, an meinem Auftreten und an meinem Stil, der solche Assoziationen hervorgerufen hat. Die Antwort ist banaler: Als ich begonnen habe, Basketball zu spielen, hatten wir auch Spieler aus den USA. Alles, was amerikanisch klang, war damals „in", und so wurde ich zum James.

Stil hat für mich sehr viel mit gutem Benehmen zu tun. Um gutes Benehmen zu lernen, bin ich als junger Mann zum alten Elmayer in die Tanzschule gegangen. In einer Stunde hat mich der Herr Professor diskret auf den Gang gebeten, um mir zu sagen, ich soll den Kaugummi in ein Papiertaschentuch wickeln und die Toilette runter spülen, denn Kaugummikauen war ein großer Fauxpas. Er hat mich klar und entschlossen darauf hingewiesen und mich weder zusammengeschissen, noch vor der Gruppe bloßgestellt. Dieser Mann hatte Stil.

Zum Stil gehört Kongruenz – die Verpackung muss mit dem Inhalt übereinstimmen. Außen hui und innen pfui geht gar nicht. Und es gehört Authentizität dazu. Um echt und glaubwürdig auftreten zu können, muss man allerdings wissen, wer man ist, was man will und was einem wichtig ist. Das Ganze ist mehr als die Summe seiner Teile.

„Authentizität ist die Übereinstimmung von verbalem und nonverbalem Ausdruck, wenn ich mich in Worten und Taten, Gestik und Mimik kongruent verhalte und damit glaubwürdig bin. Authentizität ist auch wegen der Spiegelneuronen wichtig. Die können nur aktiv werden, wenn ein authentisches, reales Gegenüber da ist."

Ines Steinkogler-Wolschner

Loslassen, um weiter zu kommen

Als Bergsteiger habe ich gelernt, Schritt für Schritt, Griff für Griff nach oben zu klettern. Jedes Loslassen birgt die Gefahr, weniger stabil in der Wand zu hängen, doch wer nicht loslässt, kommt nicht weiter und droht abzustürzen, wenn ihn die Kräfte verlassen.

Zu meinem 50. Geburtstag habe ich mir gewünscht, mit meinen beiden Söhnen den Großglockner zu besteigen. Damals jährte sich die Erstbesteigung zum 200. Mal, und so haben wir diese historische Route gewählt. Beim Abstieg kam ein heftiger Sturm auf. Wir mussten uns entscheiden, einen großen Umweg zu machen oder über den Meletzkigrat zu gehen. Der ist ca. 200 Meter lang, also länger als ein Seil. Stürzt dort einer ab, ist die Gefahr groß, die anderen mitzureißen. Ich habe mich an dieser Stelle entschlossen loszulassen – jeder sollte allein über den Grat gehen. Jeder von uns musste nur die Verantwortung für sich selbst übernehmen. Glücklich und bestärkt sind wir auf der anderen Seite angekommen. Es war eine gute Entscheidung loszulassen!

Als Vater habe ich gelernt, meine Söhne loszulassen. Ich habe sie ein Stück ihres Lebens behütet und beschützt, habe sie angeregt, ein eigenverantwortliches Leben zu leben und versucht, alles, was mir dafür möglich gewesen ist, mitzugeben. Heute kann ich ihnen beistehen, doch sie müssen und werden ihren eigenen Weg gehen.

Nach dieser Bergtour habe ich jedem meiner Söhne einen Bildband über den Großglockner geschenkt und darin folgende Widmung geschrieben: „Bei jeder schwierigen Situation im Leben denkt an diese Tour – der Weg im Leben führt an vielen Hürden vorbei. Ihr könnt „alles" schaffen – glaubt an Euch! Um „Besonderes" zu erleben – zu erreichen -, muss jeder, auch Du, an seine Grenzen gehen. Jeder von Euch ist, Gott sei Dank, gesund, hat zwei Hände, zwei Füße und ein Hirn zum Überleben, Durchhalten und Umdrehen. Wer ein Ziel – eine Vision – hat, wird es erreichen! Oft nicht beim erstem Mal. Wer nicht kämpft, hat bereits verloren!"

Als Versicherungskaufmann habe ich verschiedene Positionen zurückgelassen, um mich neuen Aufgaben zu stellen, und als Pensionist musste ich lernen, die Machtposition des Landesdirektors in jüngere, kompetente Hände zu geben und mich neuen Herausforderungen zu stellen.

Viele Menschen haben Angst vor dem Loslassen, weil sie glauben, dadurch etwas fallen zu lassen. Doch wer loslassen richtig versteht, weiß, dass er dadurch eine Hand frei bekommt, um neu hinzugreifen.

Am Ende seines Lebens muss jeder Mensch sein Leben loslassen. Für manche ist das ein sehr harter Kampf. Ich hoffe, dass ich diese Aufgabe gut bewältigen werde, denn mein Glaube ist mir nicht nur Trost, sondern auch stärkender Begleiter.

„Ich habe das Loslassen einige Male in meinem Leben gespürt.
Das erste Mal, als ich Priester wurde, was ich anfangs gar nicht wollte."

Burkhard Ellegast

Die Kraft des positiven Denkens

Burkhard Ellegast war 25 Jahre Abt des Benediktinerklosters Stift Melk.

Der Wille zur Freiheit

Menschen leben im Zwiespalt zwischen Verbundenheit und Freiheit. Kinder brauchen das sichere Familiennest, später dann suchen sie die Freiheit. In der Welt wollen sie spannende Abenteuer erleben. Sich selbst zu verwirklichen, ist wichtig. Junge Menschen fühlen sich unsterblich – das ist gut so!

Später suchen sie dann wieder die Verbundenheit, gehen Liebesbeziehungen ein, trennen sich, finden neue PartnerInnen und gründen vielleicht eine Familie. Jahre später wird es jedem zweiten zu eng. Sie suchen die Freiheit und lassen sich wieder scheiden. Nach einiger Zeit in der „freien Wildbahn" binden sie sich erneut, wenn die Verletzungen nicht zu groß gewesen sind, und starten einen neuen Versuch.

Es gibt aber auch Menschen, die den richtigen Partner gefunden haben und über Jahrzehnte den Weg gemeinsam gehen. Ich bin seit 40 Jahren verheiratet und habe mit meiner Frau Sibylle Berge und Täler, sonnige Wiesen und schattige Wälder durchschritten. Wir hatten es nicht immer leicht miteinander, doch unser Wille und unsere Liebe waren stärker als die größten Herausforderungen.

Als Landesdirektor war ich oft und lange beruflich unterwegs und hatte auf meinen Reisen mehr Freiheit, als ich gebraucht hätte. Immer wieder tat es gut, nach Hause zu kommen. Viele Jahre war ich unterwegs, heute bin ich angekommen.

„Freiheit ist für menschliches Leben ganz wesentlich.
Selbst wenn er Bindungen eingeht, geht er diese bewusst in Freiheit ein
und geht den Weg in Freiheit weiter."

BURKHARD ELLEGAST

Verlier dein Ziel nicht aus den Augen

Als ich jung war, wollte ich der Welt einen Haxen ausreißen. Nichts konnte schnell genug gehen, alles musste sofort sein. Auch damals hatte ich ein Ziel vor Augen, doch habe ich übersehen, dass davor noch viele Schritte zu gehen waren.

Es gab Zeiten, da habe ich ein Ziel nach dem anderen abgehakt. Kaum hatte ich es erreicht, lief ich schon dem nächsten hinterher. Dabei habe ich auf das Wichtigste vergessen: die Freude und den Genuss.

Viele MitarbeiterInnen brennen heute aus, weil sie auch nicht inne halten können, wenn das Ziel erreicht wurde. Es fehlen die Erntedankfeste, bei denen man den Erfolg feiert und genießt.

Viele Menschen verfolgen auch Ziele, ohne sich zu fragen, ob es sich dabei um ihre eigenen Ziele handelt. Der Weg allein ist nicht das Ziel, und die Enttäuschung ist groß, wenn man sich unterwegs verirrt und seine Bedürfnisse aus den Augen verloren hat.

Wer hingegen konsequent auf jeden seiner Schritte achtet, der kommt seltener vom Weg ab, wird auch nicht stolpern und stattdessen Schritt für Schritt den Augenblick bewusst erleben. Was ist Ihr nächster Schritt?

„Menschen brennen aus, weil sie keine Freude an ihrer Arbeit haben, weil sie die Arbeit nicht sinnvoll finden und weil sie sich unerreichbare Ziele stecken. Zu Burnout führen nicht nur Arbeitsüberlastung, sondern auch Probleme im Privatleben, mit den Kollegen und mit sich selbst, weil sie immer die Besten, Gescheitesten, Erfolgreichsten sein wollen.“

Sonja Zwazl

Beides probiert, kein Vergleich

Viele Menschen klagen über Sorgen und Probleme. Die Zeitungen sind voll mit negativen Nachrichten, Menschen brauchen TherapeutInnen, um zumindest für eine Stunde bezahlte Glücksmomente zu erleben. Wer sich sorgt und über Probleme klagt, macht sich mutlos, ängstlich, unglücklich und sogar krank. Die Leidenspassion beginnt.

Ich denke positiv, mich interessieren die Lösungen, und Herausforderungen sind Chancen. Das rede ich mir nicht ein, das erlebe ich tagtäglich. Problem oder Lösung? Beides probiert, kein Vergleich!

Ereignisse unseres Lebens sind grundsätzlich neutral. Erst durch ihre Bewertungen werden daraus Probleme oder Lösungen. Was ich nicht ändern kann, das muss ich akzeptieren. Indem ich meine Einstellung dazu verändere, ändern sich oft auch die Umstände. Und was ich verändern kann, das sollte ich aus eigener Kraft ändern. Dadurch gestalte ich aktiv mein Leben, bin Chauffeur und nicht Beifahrer.

Oft hat sich gezeigt, dass vermeintlich Negatives ein positives Ende gefunden hat. Was ist das Gute am Schlechten? Udo Jürgens singt das Lied: „Wer nie verliert, hat den Sieg nicht verdient." Die erfolgreichsten SportlerInnen haben mir immer wieder bestätigt, dass sie von Niederlagen mehr als von Siegen profitiert haben. Natürlich ist das Siegen schöner, doch erst der Unterschied macht den Erfolg so süß. Eine solche Einstellung hilft mir auch, Krankheiten und Schmerzen besser, weil leichter, zu ertragen: Was will mir die Krankheit sagen/zeigen? Wobei habe ich übertrieben? Was habe ich übersehen oder nicht ernst genommen? Wobei war ich unaufmerksam? Solange ich Schmerzen habe, weiß ich, dass ich noch lebe. Damit will ich nichts schön reden oder gar verdrängen, aber auch nicht zum Hypochonder werden.

„Mein Slogan lautet: Wenn ich untergehe, dann gehe ich mit fliegenden Fahnen unter! Ich kämpfe aber bis zum letzten Atemzug, dass ich nicht untergehe. Das ist mein Ansatz zum Positiven Denken."

BURKHARD ELLEGAST

Raunzen verboten

Wir alle kennen Menschen, die permanent missmutig durchs Leben gehen, die nur die schlechten Seiten sehen und uns durch Nörgeln und Raunzen die positive Stimmung verderben. Das will ich nicht! Das lasse ich mir nicht gefallen – von niemandem! Aus diesem Grund habe ich die Devise „Raunzen verboten" herausgegeben und verlangt, dass sich jeder danach richtet – nicht nur in meiner Gegenwart, sondern auch darüber hinaus.

Natürlich gibt es Dinge, die kritisiert werden sollen und müssen, doch liegt es an jedem Einzelnen, daraus eine Tragödie zu schaffen oder in Problemen die Chance zur Lösung zu sehen.

Raunzen zieht einen selbst und die ganze Umgebung hinunter. Positives Denken stärkt alle und weckt Potenziale zur Problemlösung. Darunter verstehe ich nicht das Schönreden, sondern eine Haltung, die davon überzeugt ist, dass das Leben schön ist und seine Herausforderungen zu schaffen sind. Und jeder kann sich selbst positiv „programmieren", jeden Tag neu. Und heute ist der richtige Augenblick, damit zu beginnen, zunächst mit einem Lächeln.

Habe ich ein Ziel, unterteile ich es in gut bewältigbare Etappen. Als nächstes folgt ein Zeitplan, bei dem sich alles ausgehen kann. Gegebenenfalls hole ich vor der Umsetzung noch spezifisches Fachwissen ein. Doch das Wichtigste ist das Tun: anfangen, den ersten Schritt setzen, durchhalten, nach dem Stolpern wieder weitergehen und konsequent ankommen. Am Ziel ist dann Zeit für Spaß und Freude, mit einem Erntedankfest belohne ich mich und mein Team.

„Raunzen bringt gar nichts. Denn wenn ich eine Situation habe,
die mir nicht taugt, hat es keinen Sinn zu überlegen,
was noch alles schief gehen könnte, dann ist das ein Blödsinn.
Stattdessen muss ich mich fragen, wie komme ich da wieder raus."

SONJA ZWAZL

Warte geduldig auf Deine Chance

Ich hatte MitarbeiterInnen mit großer Kompetenz, ausgezeichneter Ausbildung, vielen Talenten und allen Voraussetzungen für eine große Karriere, doch das Durchhaltevermögen hat gefehlt. Sie haben sich große Ziele gesteckt, an ihrer Ungeduld sind sie gescheitert. Man kann sich einiges im Leben erkämpfen, anderes muss man erwarten können.

Es gibt im Internet einen lustigen, aber auch sehr interessanten Film, der den Marshmallow-Test zeigt. Dabei wird Kindern ein Stück Speckgummi auf einen Teller gelegt. Wenn sie es aushalten, diese Nascherei nicht aufzuessen, erhalten sie später zwei Marshmallows. Die Versuchung ist groß, viele halten das Warten nicht aus und essen lieber das eine Stück auf. Jahre später wurden die Biografien der Kinder untersucht. Wer geduldig abwarten konnte, war erfolgreicher in Schule und Beruf, seltener kriminell, drogenabhängig oder übergewichtig.

Geduldige Menschen sind nach meinen Erfahrungen die besseren Rechner. Sie kalkulieren den Unterschied zwischen dem Spatz in der Hand und der Taube am Dach. Bei Kleinigkeiten großzügig zu verzichten, hat Vielen die großen Chancen im Leben ermöglicht. Wichtig dabei ist, zur richtigen Zeit am richtigen Ort zu sein. Tagtäglich stehen wir vor Entscheidungen, und es liegt an uns, die richtige Wahl zu treffen. Wie Perlen einer Kette reihen sich unsere Entscheidungen aneinander – vielleicht gibt es da und dort kleine oder größere Zwischenräume, weil wir da innegehalten und uns in Geduld geübt haben.

Meine Großmutter hatte dazu auch einen sinnvollen Spruch für mich parat: „Geduld bringt Rosen – und ab und zu Löcher in den Hosen." Als Jäger kann ich das nur bestätigen.

„Geduld bedeutet für mich, dass ich Zeit lasse zum Reifen."

Sonja Zwazl

Gib anderen Mut, Hoffnung und Zuversicht

Nicht alles, was wir uns vornehmen, gelingt auch auf Anhieb. Wir machen Fehler, treffen auf Widerstand, erleben Unvorhergesehenes. Probleme und Sorgen sind die Herausforderungen, die es zu lösen gilt. An der Art, Schwierigkeiten zu bewältigen, unterscheiden sich die Menschen. Es gibt solche, die klagen, jammern, raunzen und schreiben die Verantwortung dem Schicksal oder dem Pech zu. Es gibt aber auch jene, die ihr Leben nicht von Problemen beherrschen lassen. Anstatt sich Sorgen zu machen, aktivieren sie ihre geistigen positiven Kräfte und öffnen so das Tor zu einem erfolgreichen und erfüllten Leben.

Optimisten sagen sich immer wieder, dass Sorgen nur eine schlechte Gewohnheit sind. Eine negative Geisteseinstellung entsteht, weil man sich permanent mit negativen Gedanken beschäftigt. Positive Gedanken hingegen stärken das Vertrauen, die Sicherheit, die Zuversicht und den Mut.

Sprache schafft Wirklichkeit, deshalb sollten wir auch negative Formulierungen wie „Ich glaube nicht ...", „Ich kann das nicht ...", „Ich fürchte, dass ..." vermeiden. Meiden Sie auch die Gesellschaft von negativ denkenden Menschen und suchen Sie stattdessen den Kontakt zu Optimisten, von denen Sie die bejahende Denkweise übernehmen.

Ich selbst bemühe mich, positives Vorbild zu sein, indem ich optimistische, motivierende, ermunternde Worte so oft wie möglich zu verwenden versuche. Indem ich die Kraft des positiven Denkens vorlebe, gebe ich anderen Mut, Hoffnung und Zuversicht. Treffe ich auf pessimistische, verneinende Menschen, dann trete ich diesen mit positiver Zuversicht entgegen. Das ist ansteckend und breitet sich schnell aus.

„In der kindlichen Prägephase bis zum ca. 7. Lebensjahr entwickeln wir – natürlich völlig unbewusst – unser Lebensskript, unsere Glaubenssätze und unsere zu dieser Zeit oft überlebensnotwendigen Strategien. Nach diesen Mustern inszenieren wir im weiteren Leben immer wieder Situationen, die diesen Glaubenssätzen entsprechen – so lange, bis wir sie uns bewusst machen und damit auch (ver)ändern können."

Ines Steinkogler-Wolschner

Geh mit Emotionen gefühlvoll um

Oft habe ich von Managern oder Trainern gehört, dass Emotionen im Geschäftsleben keinen Platz haben. Das mag vielleicht Psychopathen oder Soziopathen gelingen, doch „normale“ Menschen sind gefühlvolle und mitfühlende Menschen, egal, ob sie Führungskräfte oder MitarbeiterInnen sind.

Wer sich selbst nicht liebt, dem wird es auch schwer fallen, seinen Nächsten zu lieben. Mitgefühl ist ein wesentlicher Glücksfaktor. Mit Gefühl an die Dinge ranzugehen darf aber nicht mit Mitleid verwechselt werden.

Wir verfügen über eine Vielzahl an Gefühlen, von denen die positiven (Freude, Liebe ...) angestrebt und die negativen (Trauer, Angst ...) vermieden oder verdrängt werden, doch gehören sie genauso zum Leben, auch wenn sie manchmal weh tun.

Wut ist eine gesunde Reaktion auf Hilflosigkeit, Schmerz oder Ungerechtigkeit. Wut macht aber blind und lässt uns zu Dingen hinreißen, die wir später bereuen könnten. Im Wald zu schreien erschreckt vielleicht die Rehe, tut aber gut. Im Auto loszubrüllen ist hilfreich, sofern man nicht dabei fährt. Und auch so mancher Polster kann als Schalldämpfer benutzt werden. Gefühle auszuleben ist menschlich, allerdings sollte dies in angemessener Weise geschehen und andere nicht negativ belasten.

„Wichtig ist, dass man Liebe zeigt, dass man sagt:
Ich liebe Dich! – Oder dass man den Menschen merken lässt,
dass man ihn mag.“

Burkhard Ellegast

Fürchte dich nicht zu Tode

Angst ist notwendig, um uns vor Gefahren zu schützen. Zwillinge spielten einst auf einem Bahndamm, als ein Zug herbei raste. Der Ängstliche sprang in die Wiese, den Mutigen überrollte die Garnitur. Todesmut zahlt sich nicht aus.

Als Jäger habe ich das auch immer wieder erlebt. So sah ich einmal einen kapitalen Hirsch, der mit seinem Harem am späten Abend zu einer Waldlichtung kam. Zuerst schickte er die Kälber auf die Wiese, danach die Tiere. Er selbst blieb im dunklen Waldrand versteckt. Erst in der späten Dämmerung, als ich aufgrund meines jägerlichen Anstands nicht mehr schießen durfte, trat er majestätisch auf die Lichtung und drehte sich zu mir um, als ob er mir in die Augen blicken wollte. Seine Angst und seine Erfahrung haben den Hirsch vorsichtig und alt werden lassen.

Als mir die Krebsdiagnose mitgeteilt worden ist, hatte ich mehr Angst um meine Familie als um mich. Ich erstarre in gefährlichen Situationen nicht, sondern versuche, aktiv etwas dagegen zu tun. Durch den Krebs habe ich mein Leben geändert. Bei einem schweren Verkehrsunfall habe ich auch versucht, so gut wie möglich dagegen zu lenken. Als mir das nicht gelang, war ich Passagier und habe auf das Beste gehofft. Der Wagen hatte Totalschaden, meine Frau und ich stiegen unverletzt aus.

Es gibt Situationen, da ist es wichtig, Angst zu haben. Schifahrer und auch Schispringer haben mir immer wieder bestätigt, dass sie Angst haben, doch gleichzeitig wissen sie auch, dass sie über alle Ressourcen verfügen, um die Gefahr unbeschadet zu bestehen.

Im Geschäftsleben erlebte ich gefährliche Krisen, die ich auch überstanden habe, weil ich an mich und auch an Gott geglaubt habe. Der Glaube versetzt bekanntlich Berge, außerdem gibt er ungeahnte Kräfte.

Übermut kann tödlich sein. Ich war einmal mit einer Seilschaft 50 Meter vom Gipfel des Ortler entfernt, nur noch der schmale West-Grat trennte uns vom Erfolg. Nach einer Stunde sind wir umgekehrt, weil das Wetter zu schlecht und die Gefahr zu groß gewesen sind. Die Angst hat uns diese mutige Entscheidung treffen lassen. Ein Jahr später haben wir den Berg bei gutem Wetter problemlos geschafft.

„Lähmende Angst lähmt und macht handlungsunfähig,
während hilfreiche Angst mich bewegt,
den nächsten Handlungsschritt klug und vernünftig zu überlegen
und auszuführen, bzw. mich vor einem unüberlegten Schritt schützt."

INES STEINKOGLER-WOLSCHNER

Das Glück fällt dir selten in den Schoß

Ich bezeichne mich als glücklichen Menschen, weil ich viel erreicht, meine Träume verwirklicht, eine tolle Familie gegründet, viele sehr gute Freunde gefunden habe und vor allem mir selbst treu geblieben bin.

Hirnforscher haben herausgefunden, dass Bewegung, Gemeinschaft und Lernen wichtige Glücksfaktoren sind. Dafür muss man aktiv etwas tun, das fällt einem nicht so einfach in den Schoß. Ein Lottosechser ist Zufall, deshalb sind sehr viele Gewinner ein Jahr danach auch nicht glücklicher als vor dem Gewinn.

Positives Denken, der Glaube an seine eigenen Stärken und Fähigkeiten, Optimismus, Lebensfreude, den Sinn erkennen, sein Leben eigenverantwortlich gestalten, all das und noch vieles mehr lässt Menschen glücklich sein.

Aktivität lässt Menschen auch alt werden – das umfasst geistige und körperliche Beweglichkeit. Ich habe leider auch viele Menschen getroffen, die schon in jungen Jahren erstarrt sind. Sie waren unflexibel, unglücklich und haben die Herausforderungen des Lebens nicht bewältigt. Wenn Manager etwas Gutes für die betriebliche Gesundheit tun wollen, dann sollten sie sich mit ihrem Team täglich bewegen und Neues zu ihrem Glück lernen – zumindest dazu anspornen und den MitarbeiterInnen auch ausreichend Zeit dafür geben.

„In meinem Leben ist es mir oft auch schlecht gegangen,
trotzdem war immer jemand da, mit dem ich nicht gerechnet habe,
der mir zugehört, mir geholfen oder mich aufgemuntert hat.
Wenn man menschliche Zuwendung erhält, ohne damit gerechnet zu haben,
dann ist das Glück."

SONJA ZWAZL

Freu dich über das Spiel des Lebens

Erntedankfeste sind im Leben sehr wichtig. Wer hart arbeitet, wer etwas Großes leistet, wer Erfolg hat, der braucht auch die Gegenstücke dazu: Spiel, Spaß, Freude, Genuss. Wenn die Anspannung abfällt, dann ist Platz und Zeit, um das innere Kind zu pflegen. Dieses will spielen, will lachen, will alles andere als ernst sein.

Sportler verstehen es zu feiern. Sie trainieren hart, sind beim Wettbewerb konzentriert, um ihre Bestleistung zu geben, doch nach dem Rennen, nach dem Wettkampf feiern sie, egal ob als Sieger oder als Verlierer. Der Druck braucht seinen Ausgleich, und Lachen ist das beste Rezept dafür.

Bei uns gibt es die Tradition des „Leichenschmauses". Die Bezeichnung gefällt mir nicht, hat sie doch schon viele Kinder verschreckt (wir sind doch keine Kannibalen). Das Ritual macht aber Sinn: Man verabschiedet sich, erinnert sich, erzählt Anekdoten, zeichnet dabei die schönen und lustigen Seiten auf, beginnt zu lachen und findet im Humor Trost in der Trauer. Druck fällt ab.

Während meiner Versicherungszeit haben wir Schi-, Tennis- und Golfwochenenden für unsere KundInnen organisiert, um uns für die Treue zu bedanken und um einander spielerisch kennenzulernen. Das Versicherungsgeschäft ist eine trockene Angelegenheit, Schadensfälle sind eine Frage der Kalkulation, doch die Kunden-Events waren lustig. Wir haben dazu auch WeltmeisterInnen und Olympiasieger eingeladen und die Mischung hat allen sehr gut getan. So soll das Spiel des Lebens sein.

„Wenn wir als glückliche Menschen leben, ist das Gott sicher wohlgefälliger, als wenn wir mit herber und verbitterter Miene herumlaufen."

Burkhard Ellegast

Wer ist ein alter Hund?

In einem Sprichwort heißt es: „Ein alter Hund lernt keine Kunststücke mehr." Ich bin der Überzeugung, das Gegenteil ist wahr: Wer keine Kunststücke mehr lernt, der ist ein alter Hund – egal, wie alt er wirklich ist!

Den Weg an die Spitze werden mittelmäßige Sportler ebenso wenig schaffen wie durchschnittliche MitarbeiterInnen. Immer wieder bin ich in Teams auf lethargische Menschen gestoßen, die brav „ihre Pflicht" tun und ansonsten nur eine ruhige Kugel schieben wollten. Nur nicht auffallen, war ihre Devise, nur keine „Spompanadeln", nur keine Kunststücke!

Ich akzeptiere das Mittelmaß nicht, weil dieses den Weg zur Exzellenz verstellt. Ich glaube daran, dass jeder Mensch besser werden kann, wenn er an sich arbeitet. Wer stehenbleibt, hat verloren. Mir geht es nicht um Höchstleistungen, jedoch um bewältigbare Herausforderungen, die es auf dem Weg zum Erfolg zu überwinden gilt.

Als Führungskraft habe ich das Können, das Wissen und die Fähigkeiten meiner Teams genau analysiert, danach habe ich gezielte Aus- und Weiterbildungsmaßnahmen ausgewählt, die alle machen mussten – auch die erfahrenen MitarbeiterInnen. Anfangs gab es Widerstände, doch dann haben wir alle ordentlich geschwitzt, um noch besser zu werden.

Wichtig dabei ist, dass alle ihre Kunststücke lernen, dass niemand sich selbst überlassen bleibt, sondern dass jeder Unterstützung erhält. Training, üben, lernen – so stellt sich der Erfolg bei allzeit jungen Hunden ein.

„Man lernt, solange man lebt. Man wird nur etwas sturer. Übrigens weiß ich, dass ein alter Hund immer raffinierter wird."

Sonja Zwazl

Stärke deine Stärken ...

Thomas Muster war 1996 die Nummer 1 der ATP-Tour, der beste Tennisspieler der Welt. Er war bekannt für sein hartes Training, seinen eisernen Willen und seine Selbstdisziplin. Wie viel erfolgreicher wäre er gewesen, wenn er auch noch Talent gehabt hätte?

Warum sind Sportler, Künstler, Manager erfolgreich? Weil sie angeblich mehr Talent haben. Wie viel Talent braucht man für den Erfolg und vor allem, wie misst man dieses? Liter, Kilo, Kubikmeter? Natürlich gibt es bei Sportlern körperliche Voraussetzungen, die hilfreich sind. Musiker brauchen ein exzellentes Gehör und Manager sollten bestimmte Persönlichkeitsstrukturen haben. Mit solchen Voraussetzungen haben sie es leichter. Doch alle müssen eines tun: trainieren, üben, lernen. Fachwissen ist eine wichtige Voraussetzung, doch nicht die entscheidende. Ich kenne viele mehrfache Akademiker, die völlig ungeeignet für Führungsaufgaben sind. Ihnen fehlen Ehrgeiz, Zielfokussierung, Entschlossenheit, Konsequenz, Disziplin, eine fester Wille, positives Denken, Mitgefühl, Authentizität, Kongruenz, Menschlichkeit ...

Können braucht zunächst jemanden, der einem zutraut, dass man etwas kann. Selbstvertrauen braucht die Gelegenheit, seine Kompetenzen unter Beweis zu stellen. Perfektionismus wäre zu viel, doch sollte man die Dinge so gut machen, wie man sie kann. Können muss trainiert und erweitert werden. Wer stehen bleibt, bleibt auf der Strecke! Wichtig ist auch die Reflexion, die Auseinandersetzung mit sich selbst. Stärke deine Stärken, dann schwächst du deine Schwächen. Dabei helfen SupervisorInnen, Coaches oder Mentoren mit ihrem wertschätzenden, respektvollen, zielgerichteten und lösungsorientierten Feedback, bei dem das, was gut läuft, gewürdigt und das Verbesserungspotenzial aufgezeigt wird.

„Es ist wichtig, Menschen zu haben, mit denen man reden kann,
die ein bisschen über den eigenen Problemen stehen
und nicht so drinnnen stecken, wie man selbst."

BURKHARD ELLEGAST

Geht nicht – gibt es nicht!

Eng mit den Raunzern verbunden sind für mich Menschen, die mich mit großem Energieaufwand davon überzeugen wollen, dass etwas Neues mit Sicherheit nicht geht, weil es schon immer so gewesen ist, weil wir es schon immer so gemacht haben und weil nichts sein soll, was nicht sein darf. Davon habe ich mich nie abhalten lassen, ganz im Gegenteil, ich wurde noch stärker motiviert, das Unmögliche zu schaffen und an das gute Gelingen zu glauben.

Kreativität ist die Essenz für das Neue. Wir kommen alle mit einer großen Portion davon auf die Welt, doch im Laufe der Zeit verlieren manche Menschen diese Fähigkeiten. Ich liebe Kindermalereien, weil sie unverdorben und unbeeinflusst das ausdrücken, was das Kind fühlt. Im Kindergarten merkt man dann, wie die Kinder angeleitet werden, „realistisch" zu zeichnen. Plötzlich schauen alle Bilder gleich aus: die Wiese am Boden, der blaue Himmel oben, in der Ecke die gelbe Sonne und dazwischen Menschen. Wo bleibt die Individualität? Und wo die Kreativität?

In Führungskräfteseminaren sind TeilnehmerInnen oft peinlich berührt, weil sie zeichnen, singen, schauspielen oder einfach nur reden müssen. „Das kann ich nicht!" wehren sie sich dann brüsk. Diese Fähigkeiten sind allerdings notwendig, um Unternehmen kreativ zu führen und um Lösungen zu finden, an die noch niemand gedacht hat.

Ich lasse mir meine Kreativität nicht beschneiden und glaube fest an sie. Geht nicht gibt es daher für mich nicht.

„Glauben ist auch im Miteinander wichtig,
indem ich dem anderen vertraue und an ihn glaube."

BURKHARD ELLEGAST

Mach es gern, dann machst du es besser

Es gibt Aufgaben, die man sehr gern, und Aufgaben, die man weniger gern macht, doch wenn man sie nicht will, obwohl sie gemacht werden müssen, dann werden wir uns damit quälen und das Ergebnis wird wahrscheinlich auch nur suboptimal ausfallen.

Betrachtet man schwierige Aufgaben als Herausforderung, die es mit unseren Fähigkeiten zu bewältigen gilt, kommt plötzlich Freude auf. Wäre doch gelacht, wenn ich das nicht schaffe!

Optimisten fühlen sich leistungsfähiger, gesünder und glücklicher. Warum sollte man da überhaupt mit Pessimismus beginnen? Wenn man von einer Sache begeistert ist, dann kann man auch andere begeistern und motivieren.

Motivation bedeutet, jemanden zu etwas zu bewegen. Wer motiviert, zeichnet ein schönes Bild vom zu erreichenden Ziel mit Worten. Was bewirken meine Worte, wenn ich vom köstlichen Duft eines Schweinsbratens aus dem Holzofen, den Waldviertler Knödeln und dem warmen Krautsalat mit Speckwürfeln erzähle? Läuft da nicht automatisch das Wasser im Mund zusammen?

Das eigene gute Vorbild ist das überzeugendste Argument. Wer beweglich und aktiv ist, wird sich auch schwierigen Situationen besser anpassen können. Dadurch gelangt man ans Ziel und ist erfolgreich. Das gilt für die Mitarbeiterführung genau so wie für das Projektmanagement oder den Verkauf. Und auch Straßenkehrer machen einen besseren Job, wenn es ihnen Freude bereitet, saubere Gehsteige zu hinterlassen.

„Begeisterung kann, wie auch der Glaube, Berge versetzen. Sie verleiht mir Flügel und lässt mich über mich selbst hinaus wachsen, um schier unglaubliche Dinge zu bewältigen. Dennoch ist Vorsicht angesagt. Es gab einen Mann der schrie: „Wollt Ihr den totalen Krieg?“ – und eine begeisterte Menge brüllte: „Jaaa!“ Ich muss darauf achten, worauf ich meine Begeisterung richte.“

Ines Steinkogler-Wolschner

Mensch, ärgere dich nicht!

Haben Sie schon einmal über diesen Satz nachgedacht: „Ich ärgere mich über..." Wer ärgert mich? Ich mich selbst! Ich selbst bin verantwortlich für die Tragödie, die gerade in mir abläuft. Wenn es mir gelingt, mich selbst so sehr zu ärgern, dann muss ich doch auch die Fähigkeiten besitzen, mich selbst mit Glückshormonen zu überhäufen.

Selbstbewusstsein ist eine Fähigkeit, die man als kleines Kind lernt: Das bin ich und das sind die anderen. Wenn man da zusammengestaucht, niedergeputzt, klein gehalten wird, dann bleibt dieses Minderwertigkeitsgefühl bis ins Erwachsenenalter erhalten.

Coaches, PsychotherapeutInnen und Mentoren können uns helfen, das Selbstbewusstsein wieder zu finden und das Selbstvertrauen zu stärken. Gerade das macht auch bei Sportlern den Unterschied aus zwischen Siegern und Verlierern.

In der Folge lernen wir, selbstständiger durchs Leben zu gehen und unsere Angelegenheiten eigenverantwortlich zu regeln. Wer, wenn nicht ich selbst, kann sich optimal um mich und meine Dinge kümmern? Selbstmanagement ist dann die nächste Stufe. Dazu gehören auch die Karriereplanung und die Balance zwischen Arbeit und Freizeit, zwischen Anspannung und Entspannung. Und wer sich selbst liebt und gut mit sich umgeht, der geht auch gut mit anderen um, der macht nichts, was er nicht selbst auch gerne tun würde.

„Seelsorge und Coaching:
Das eine kostet nichts und das andere ist teuer."

Burkhard Ellegast

Gib jeden Tag das dir Bestmögliche

Im Sport ist der Zweite der erste Verlierer. In Schirennen trennen den Ersten vom Letzten nur wenige Sekunden. In der Kunst hängt der Erfolg oft von der Gunst des Publikums ab. Doch was ist Erfolg im Berufsleben? Den bestimmt der Einzelne, der Vorgesetzte, die Kunden, die Aktionäre. Doch gerade die Börse zeigt, wie irrational dort Entscheidungen getroffen werden.

Erfolg ist keine feste Größe, daher laufen wir auch etwas nach, das gar nicht greifbar ist. Viel besser ist das Wort „gelingen". Wie ein Bäcker mischen wir die Ingredienzien so gut wir können und schieben den Teig dann ins Backrohr. Jetzt können wir nur noch zuschauen, ob die Sache aufgeht, ob der Kuchen gelingt.

In der Wirtschaft herrscht oft das Maschinen-Weltbild: Oben kommt Input rein und unten Output raus. Dazwischen läuft eine triviale Maschine. Wäre das so einfach, gäbe es keine Misserfolge. Dazwischen ist allerdings eine Blackbox, in der Dinge geschehen, die wir nicht alle beeinflussen können. So gut wie möglich können wir den Teig mischen und hoffen, dass das Bestmögliche dabei raus kommt. Gelingt uns das, waren wir erfolgreich.

„In der Wirtschaft ist immer die Versuchung da, für sich selbst den Vorteil herauszuwirtschaften."

Burkhard Ellegast

Mach daraus ein Genussprojekt

Wer mich kennt, der weiß, dass ich ein Genussmensch bin. Gutes Essen liebe ich ebenso wie guten Wein. Einen Tropfen, der mir nicht schmeckt, rühre ich nicht an. Dafür bin ich mir zu schade. Wein ist für mich ein Kunstwerk der Natur, das ich mit allen Sinnen genieße. Das beginnt mit den Gedanken an die Riede, in der er gewachsen ist. Dann die Flasche, die Gestaltung des Etiketts, die zarten Gelb-, Grün- und Goldtöne des Weißweines und die Rubin- und Blautöne des Rotweines sind eine Pracht für meine Augen. Das Geräusch des Entkorkens, des Einschenkens und der Duft des Weines im Glas – die reinste Freude. Doch jetzt kommt erst der Geschmack am Gaumen, auf der Zunge und zuletzt beim Abgang. Herrlich – das Gefühl, wenn der Wein die Brust wärmt und den Bauch füllt, auch seine berauschende und die Stimmung hebende Wirkung. Was für ein Heilmittel – mit Maß und Ziel genossen.

Genuss geht für mich aber auch mit Demut und Dankbarkeit einher. Ich denke an die viele Arbeit, die notwendig gewesen ist, um diese gute Weinqualität zu schaffen. Ich denke auch an die lieben Menschen, die ich in den verschiedenen Weinbaubetrieben getroffen habe. Wenn ich auch die Winzer kenne, erlangen die Weine für mich die größte Entfaltung. Wer mich kennt, der weiß aber auch, dass ich während der Fastenzeit keinen Tropfen trinke und auch dazwischen immer wieder 21 abstinente Tage zur Regeneration – körperlich und seelisch – einlege. Täglicher Konsum lässt den Wein zur Selbstverständlichkeit werden, was den Genuss schwächt. Pausen erhöhen die anschließende Sinnesfreude.

Immer wieder sagen Spitzensportler, ein Wettkampf sei ein Genussprojekt für sie. Das lässt sich auch auf das Berufsleben übertragen. Gehen wir nicht bloß einem Job wegen des Geldes nach, sondern leben wir unsere Berufung aus, so ist jeder Arbeitstag ein Genuss für alle Sinne.

„Eine Berufung hat jeder Mensch – wichtig ist, dass sie jeder für sich entdeckt und damit sein Mosaiksteinchen zum Wohl der Gemeinschaft beiträgt. Wenn Beruf und Berufung zusammenfallen, ist es gut, es muss aber durchaus nicht sein."

Ines Steinkogler-Wolschner

Gesundheit ist keine Selbstverständlichkeit

Ines Steinkogler-Wolschner arbeitete als Urologin und ist heute Psychotherapeutin in Klosterneuburg.

Ein toter Manager ist ein schlechter Manager

Bis zu meiner Krebserkrankung habe ich mich nicht um meine Gesundheit gekümmert, die war für mich eine Selbstverständlichkeit. Ich habe sie beansprucht und gefordert, bis mir die Krankheit die Grenzen gezeigt hat.

Ärzte beschäftigen sich mit Krankheiten, ihren Entstehungen und ihrer Bekämpfung. Sie sind die ExpertInnen, wenn wir krank sind. Für unsere Gesundheit sind wir selbst verantwortlich. Was erhält uns gesund, obwohl wir Belastungen ausgesetzt sind? Bewegung, Ernährung und Entspannung sind die drei Säulen, aber auch die Fähigkeit zu erkennen, worum es im Leben geht; das Wissen um die eigenen Ressourcen und Fähigkeiten; den Sinn im Leben erkennen: Wozu bin ich auf der Welt?

Wir sind eigenverantwortliche Wesen und die besten ExpertInnen für unsere Gesundheit. Dafür müssen wir uns aber auch mit ihr auseinandersetzen und in jedem Augenblick achtsam leben. Ich habe viele Top-Manager gekannt, die ihre Grenzen missachtet und andauernd überschritten haben. Herzinfarkte und Schlaganfälle waren die Folge. Ein toter Manager ist ein schlechter Manager.

„Ich wundere mich manchmal, dass ich kein Burnout bekommen habe,
so wie es zeitweise bei mir zugegangen ist. Ich glaube aber,
ich habe in meinem Glauben meinen Halt gehabt."

Burkhard Ellegast

Was will mir mein Leiden sagen?

Für viele Menschen ist das Leben leidvoll. Überforderungen, Dauerbelastungen, Sorgen, Probleme, Krankheiten, Mehrfachbelastungen, Jugendwahn, Konsumstress und vieles mehr schaffen Leid, das krank macht – physisch und psychisch.

Ursachen dafür sind der Geiz, der Neid, die Missgunst, die Rücksichtslosigkeit, der Egoismus, die fehlende Achtsamkeit für sich und die Mitmenschen. Menschen machen immer wieder mehr vom Selben und scheitern damit immer wieder. Neues wird abgelehnt, denn wo Angst ist, da ist auch Widerstand. Und weil sie nicht wissen, dass all das krank macht, tun sie auch nichts, damit es ihnen besser geht.

Positives Denken, der Glaube an Gott und an sich selbst, Wertschätzung und Respekt, Neugier und Lernbereitschaft, Liebe und Hoffnung, Mitgefühl und Menschlichkeit und eine gesunde Portion Vertrauen sind für mich Voraussetzungen, um Leiden zu vermeiden oder zumindest besser damit umzugehen, und vor allem, um glücklicher zu leben.

Natürlich gibt es unangenehme Ereignisse, die uns ins Wanken bringen. Da genügen ein Loch in einem Zahn, eine Ohrenentzündung oder Durchfall. Haben wir Schmerzen, fällt uns der Optimismus schwer. Doch gibt es außer den Zähnen, Ohren oder dem Darm auch viele Dinge, die an uns gesund sind. Vor allem eine optimistische Einstellung hilft uns, Vertrauen auf die positive Wandlung und auch auf unsere Selbstheilkräfte zu gewinnen. Ohne diese hätte ich meine Krebserkrankung nicht so gut gemeistert.

Leidvolle Erfahrungen sind aber auch eine Gelegenheit, um nachzudenken und eine Bilanz über unser bisheriges Leben zu ziehen. Was könnten wir besser machen? Was wollen wir besser machen? Was werden wir besser machen?

So wie Fehler eine Gelegenheit zum Lernen sind, kann auch Leiden eine Chance sein, um gestärkt aus der Krise herauszukommen.

Zum Wesen des Leidens gehört auch, dass es den Blick auf das Problem fokussiert und andere Perspektiven einschränkt. Deshalb ist auch in solchen Situationen die Unterstützung durch einen Coach, TherapeutIn oder Mentor sehr hilfreich. Miteinander können neue Lösungsansätze gefunden und das Leiden in eine positive Veränderung gewandelt werden. Love it, leave it or change it ...!

„Die Verantwortung seiner Gesundheit gegenüber muss man schaffen. Und anderen gegenüber muss man Verständnis entgegen bringen."

BURKHARD ELLEGAST

Achte auf die Rhythmen deines Lebens

Wer regelmäßig Sport betreibt, der braucht keine Puls-Uhr, denn unser Atem sagt uns, wie leistungsfähig wir sind. Geht uns die Puste aus, waren wir entweder zu schnell unterwegs oder die Kondition hat nachgelassen. Einatmen, ausatmen, einatmen, ausatmen ... das ist ein wichtiger Rhythmus unseres Lebens. Beim Einatmen tanken wir Energie, beim Ausatmen lassen wir los und entspannen uns.

Bei meinen Atemübungen atme ich zuerst tief durch den Mund aus. Durch die Nase atme ich dann langsam ein – dabei verschließe ich manchmal abwechselnd das eine, dann das andere Nasenloch, um das Einströmen der Luft zu verlangsamen. Ich atme dabei tief in meinen ganzen Körper und fülle diesen mit positiver Energie. Dabei stelle ich mir manchmal einen Tannenbaum nach einem reinigenden Regen vor, rieche sein Harz und sehe seine grünen, nass glänzenden Nadeln. Beim kräftigen Ausatmen durch den Mund stoße ich all die negative Energie, die schlechten Gefühle und den inneren Schmutz aus. Mit jedem Atemzug reinige ich mein Inneres.

Bum-bum, bum-bum ... das ist unser zweiter Rhythmus, der uns nur dann auffällt, wenn wir bewusst an ihn denken: unser Herz, der Motor unseres Lebens.

In Redewendungen drücken wir oft unsere Befindlichkeiten aus: das raubt mir den Atmen; da bleibt mir die Luft weg; das schlägt sich aufs Herz; das ist eine Herzensangelegenheit; da pumpert mir das Herz; da bekam ich Herzklopfen ... Trotzdem hören wir viel zu selten auf unseren Atemrhythmus und auf unseren Herzschlag.

Wenn ich bei einem meiner Kraftplätze bin, dann höre ich gerne in mich hinein. Wie atme ich? Wie schlägt mein Herz? Was will mir mein Herz sagen? Was sagt mir mein Bauch? Was will mein Kopf? Streiten Herz, Bauch und Hirn vielleicht miteinander? Aber auch: Was wäre die Antwort? Was kann ich tun? Was wäre gerade jetzt das Richtige? Ausatmen, einatmen, – bum-bum, bum-bum, bum-bum...

Eine meiner Lieblingsübungen ist das „A – E – I – U – O – M - Mantra, bei dem ich jeden Vokal hintereinander in einem Atemzug klingen und mit einem „Mhhh" enden lasse. Ich wiederhole die Vokalfolge einige Male hintereinander, bis ich ganz entspannt meinen Grundton und meinen Rhythmus gefunden habe. Am Ende werde ich leiser und zuletzt lasse ich alles in Stille nachschwingen.

Ich habe dieses Mantra bei einem meiner Besuche in der Waldandacht, einem meiner Energieplätze, gemacht. Damals trat ich auf die Wiese hinaus, genoss den Ausblick zwischen Stockerau und Wien, schloss dann meine Augen und begann einige Male zu tönen: „A- E – I – U – O - Mhhh!" Als ich die Augen nach der Stille wieder öffnete, stand eine Schafherde im Kreis um mich herum, die mich fasziniert angeschaut hat. Wahrscheinlich habe ich den Tieren die Lebensweisheit pur vermittelt: „A- E – I – U – O - Mhhh!"

„Herz und Lunge sind anatomisch gesehen durch einen eigenen Kreislauf verbunden. Mit forcierter Atmung kann ich meinen Herzschlag erhöhen, in der Entspannung, z. B. beim Autogenen Training oder in der Meditation, verlangsamt sich der Herzschlag."

Ines Steinkogler-Wolschner

Ich bin ein Bauchmensch

Ich brauche ein gutes Gefühl im Bauch, um eine richtige Entscheidung treffen zu können. Für mich ist der Bauch die Mutter aller Künste.

Plage ich mich mit einer Aufgabe herum, verursacht mir das Bauchschmerzen. Ärgere ich mich, dann belaste ich damit meinen Magen und meinen Zwölffingerdarm. Manchmal läuft mir auch eine Laus über die Leber.

Burkhard Ellegast, mein Mentor, ist ein Herzmensch. Für ihn ist das Herz-Chakra sehr wichtig. Bevor er eine Entscheidung trifft, fragt er sein Herz – und ich meinen Bauch.

Wer von uns beiden hat Recht? Beide, denn ich habe gelernt, dass wir vom vegetativen Nervensystem des Menschen sprechen, das autonom unsere lebenswichtigen Funktionen regelt: Herzschlag, Blutdruck, Atmung, Verdauung, Stoffwechsel. Über den Sympathikus wird unsere Aktivierung geregelt und der Parasympathikus ist für die Erholung zuständig. Koordiniert werden beide im Hyperthalamus, einem Bereich unseres Zwischenhirns.

Herz, Bauch und Hirn gehören also zusammen. Darüber kann man nicht streiten, doch zahlt es sich aus, auf sein Gefühl zu achten, egal ob es vom Bauch oder vom Herzen kommt.

„Entscheidung aus dem Bauch – das ist ein Ausdruck, den ich nicht unbedingt als gelungen bezeichnen würde, weil da für mein Dafürhalten zu wenig von der Persönlichkeit des Menschen mitklingt.
Man könnte es besser formulieren, dass es eine Entscheidung sei, die aus dem Herzen kommt."

BURKHARD ELLEGAST

Bewege dich mit Maß und Ziel

Die verschiedensten Studien über das Geheimnis von 100jährigen kommen immer wieder zu dem Ergebnis, dass Bewegung sehr wichtig ist. Wer rastet, der rostet. Wer sich aber zu viel bewegt und seinen Körper überfordert, braucht neue Gelenke.

Laufen ist das beste Training, um das Herz-Kreislaufsystem und die Kondition zu stärken, sofern wir uns im aeroben Bereich bewegen. Das ist jene Komfortzone, in der wir uns bei 70 bis 80 Prozent der maximalen Herzfrequenz bewegen. Atmung und Kreislauf werden in dieser Zone gestärkt.

Menschen, die unter Dauerbelastung stehen, machen entweder keine ausgleichende Bewegung oder sie stressen sich zusätzlich durch Leistungssport. Beides ist schlecht.

Ich habe mir immer meine Termine im Fitnesscenter in den Kalender eingetragen und auch nicht verheimlicht, dass ich in dieser Zeit Sport betreibe. Um beruflich gute Leistungen zu erbringen, muss man auch in der Freizeit etwas für seine Gesundheit tun.

Ich habe aber auch eine Reihe von Menschen getroffen, die zum Beispiel für einen Marathon trainiert und sich dabei so ausgepowert haben, dass sie keine berufliche Leistung mehr erbringen konnten. Auch solche Extreme sind schlecht. Offenbar liegt es am guten Mittelmaß, um gesund 100 Jahre alt zu werden. Ich setze dem Herrgott keine Grenzen. Zwei Leben habe ich schon gelebt – ein drittes sollte sich schon noch ausgehen.

„Es gibt Sportler, die ohne Bewegung nicht auskommen und daher auch nach ihrer aktiven Laufbahn sehr viel Sport betreiben. Es gibt aber auch Spieler, die danach wirklich abschließen und sagen, das war´s. Bewegung und Gesundheit sind miteinander verbunden, daher appelliere ich dafür, dass Spitzensportler nach dem Karriereende nicht abrupt aufhören und gar nichts machen, sondern gesund abtrainieren."

WERNER SALLOMON

Du bist, was du isst

Als Genussmensch achte ich auch darauf, was ich esse. Junk Food oder Fast Food sind für mich gleichbedeutend wie Wein, der mir nicht schmeckt: Das will ich nicht!

Als Landesdirektor war ich oft bei Abendveranstaltungen, bei denen es Fingerfood gab. Im Stehen essen und dabei aufpassen müssen, dass man Teller, Glas und Serviette sowie das Essen und Trinken nicht fallen lässt, schmälert das kulinarische Vergnügen mit Sicherheit.

Wer auf seine innere Uhr achtet, der wird dann essen, wenn er hungrig ist. Das ist individuell verschieden und erfordert die Beobachtung seiner oft unbewussten Gewohnheiten.

Mit vollem Bauch am Abend ins Bett zu gehen, schlägt sich zum einen aufs Gewicht und zum anderen raubt es die Schlafqualität. Dafür ist mir ein ordentliches Frühstück sehr wichtig, um gestärkt in den Tag zu gehen.

Fasttage sind mir genauso wichtig wie abstinente Tage, weil sie der Regeneration dienen und die Freude am Genuss wieder stärken. Vor allem nach einigen Tagen mit Abendveranstaltungen habe ich auf das Dinner-Cancelling geachtet.

Zum bewussten Essen gehört für mich auch die Dankbarkeit, denn wenn so viele Menschen hungern müssen, darf das gute Essen für uns keine Selbstverständlichkeit sein.

„Diäten, beruflicher Stress, Modediktate, das Unterdrücken der natürlichen biologischen Körperabläufe können zu Esstörungen führen.
Leider sind immer mehr Menschen davon betroffen."

INES STEINKOGLER-WOLSCHNER

Fühle nach, was dich entspannen lässt

Jeder Mensch bekommt bei seiner Geburt ein unglaublich großes Energiereservoir mit auf den Lebensweg. Unsere Aufgabe ist es, damit gut hauszuhalten. Um Leistungen zu erbringen, zapfen wir es an, doch müssen wir darauf achten, dass wir auch rechtzeitig Energie nachtanken, damit die Reserven nicht aufgebraucht sind. Burnout sollte so keine Chance haben.

Entspannung ist eine wichtige Tankstelle für alle Menschen. Der Muskel wächst nicht beim Training, sondern während der Entspannungsphase. Deshalb sollten wir auf den richtigen Ausgleich achten.

Yoga ist eine Möglichkeit der Entspannung. Das gelingt nicht von Anfang an, Asanas und Pranajama muss man regelmäßig üben. Doch irgendwann merkt man, dass man loslassen und sich entspannen kann.

Wenn ich meditiere, dann aktiviere ich auch meine Chakren, indem ich bewusst in sie hineinatme und sie mit Energie auffülle. Chakren sind im Yoga die sieben bis 13 wichtigsten angenommenen Hauptenergiezentren, die entlang der Wirbelsäule und der Mittelachse des Körpers von unten nach oben verlaufen: Wurzel-Chakra, Sakral-Chakra, Solarplexus-Chakra, Herz-Chakra, Hals-/Kehlkopf-Chakra, Stirn-Chakra; Scheitel-/Kronen-Chakra.

Tai Chi und Qi Gong, aber auch Pilates sind andere Methoden der Entspannung. Ich rate jedem, der sich dafür interessiert, Probestunden bei guten Lehrern zu nehmen und das zu machen, was ihm am meisten gefällt und sich am besten anfühlt. Wer all diese Techniken und Methoden nicht lernen will, der sollte dazwischen ganz einfach kleine Pausen machen, um die Dinge zu tun, die er gerne macht: spazieren gehen, schlafen, ein Buch lesen, beten oder ganz einfach gar nichts tun und die Stille genießen.

„Man lernt heute einfach nicht mehr, dass man still in sich selbst sein kann."

BURKHARD ELLEGAST

Ich schlafe immer und überall

Als Landesdirektor war ich viel unterwegs und hatte lange Arbeitstage. Schlaf war für mich ein wertvolles Gut. Schon beim Bundesheer habe ich gelernt, immer und überall schlafen zu können. Dadurch kann ich binnen weniger Minuten wertvolle Energie tanken.

Bei längeren Fahrten wurde ich oft von meinem Mitarbeiter gefahren. Miteinander geredet haben wir dabei verhältnismäßig wenig, denn kaum saß ich im Wagen, bin ich auch schon eingeschlafen.

Eine Viertel-, besser noch eine halbe Stunde genügen mir, um mich zu regenerieren. Ich lasse alle Gedanken los, entspanne mich und schlafe den Schlaf des Gerechten.

Früher hatte ich in der Nacht manchmal Albträume, wenn mich die Themen des Alltags nicht losgelassen haben. Heute lege ich mich ins Bett, blicke voll Dankbarkeit auf den Tag zurück, bete und verschiebe alles Zukünftige auf morgen. Dabei hat mir geholfen, Aufgaben und Ideen, die mir zum nächsten Tag eingefallen sind, in ein Notizbuch aufzuschreiben, damit ich sie während der Nacht loslassen kann und sie dennoch nicht verloren gehen.

Ein- und Durchschlafstörungen sind die Folgen von Dauerbelastungen. Auf Dauer machen sie körperlich und psychisch krank. Das will ich nicht, darum nehme ich mir am Abend für Ärger, Streit und Sorgen einfach keine Zeit mehr. Das Ergebnis ist ein gesunder und erholsamer Schlaf.

„Jeder, der das wunderbare Gefühl kennt, nach einem erquickenden und ausreichenden Schlaf morgens ausgeruht und voller Tatendrang aufzustehen, weiß, wie wichtig Schlaf ist. Im Schlaf können wir regenerieren und entspannen.
Wenn der Schlaf fehlt, werden wir physisch und psychisch krank.
Ich halte wenig von den heute in Mode gekommenen „Konkurrenzen", bei denen man glaubt, einander im „Mit-wenig-Schlaf-auskommen" übertrumpfen zu müssen."

Ines Steinkogler-Wolschner

Gestern, heute, morgen

In meinen Unterlagen habe ich den Text eines unbekannten Autors gefunden, den mir Wilhelm Gelb, der Vorstandsvorsitzende der St. Pöltner Wohnungsgenossenschaft, am 9. Dezember 1996 gegeben hat. Daraus möchte ich folgende Textpassagen zitieren:

Wir sollten uns an zwei Tagen in der Woche keine Sorgen machen; an zwei Tagen, die von Angst und bangen Erwartungen frei zu halten sind.

Einer dieser Tage ist der gestrige mit seinen Fehlern und Sorgen, Mängeln und Irrtümern, seinen Leiden und Schmerzen. Das Gestern ist für immer vorübergegangen, kann von uns nicht mehr beeinflusst werden ...

Der andere Tag, über den wir uns keine Sorgen machen sollten, ist der morgige mit seinen möglichen Widersachern, seiner Bürde, seinen großen Verheißungen und armseligen Verrichtungen. Auch das Morgen entzieht sich unserer unmittelbaren Einflussnahme ...

Was übrig bleibt, ist nur ein Tag – der heutige. Jeder kann die Schlachten eines einzigen Tages schlagen. Nur wenn du und ich die Lasten dieser schrecklichen Zeitlosigkeit – gestern und morgen – dazulegen, dann brechen wir zusammen ...

Leben wir also, aber nur einen Tag, und dann wieder nur einen.

Dieser Text hat mich bis heute begleitet – Tag für Tag.

„Das Leben im Hier und Jetzt, die Hingabe an den Augenblick entlastet und entspannt. Das ist eine „Auszeit" im Eingespanntsein zwischen Gestern und Morgen."

Ines Steinkogler-Wolschner

Gehe mit Belastungen besser um

Wir kommen mit unterschiedlicher Widerstandsfähigkeit auf die Welt. Dadurch können wir auch verschieden gut mit Belastungen umgehen. Wenn man seinen eigenen Maßstab auf seine MitarbeiterInnen umlegt, dann muss man sich klar darüber sein, dass wir vielleicht mehr aushalten als manche von ihnen. Sie sind nicht schwächer, sondern haben auf anderen Gebieten ihre Stärken, die vielleicht uns schwerer fallen.

Widerstandsfähigkeit ist aber auch eine Frage der Programmierung. Gab es in unserer frühesten Kindheit jemand, der fest an uns geglaubt hat – bei mir war es vor allem mein Vater und ein Lieblingsonkel –, dann werden so unsere Selbstsicherheit und unsere Widerstandsfähigkeit gestärkt.

Als Führungskraft und Mentor ist es unsere Aufgabe, MitarbeiterInnen zu bestärken, sie zu fördern und sie zu ermutigen, auch schwierige Situationen gut zu meistern. Vertrauen ist dabei ebenso wichtig wie Geduld, wenn es nicht beim ersten Mal klappt.

Lob und Anerkennung sind ganz wichtige Motivatoren. Wer Gutes geleistet hat, will das auch hören. Das gilt übrigens auch für Vorgesetzte, die sich oft über einen Mangel an Anerkennung beklagen.

„Wurde Vertrauen in sehr jungen Jahren nicht erfahren, ist es sehr, sehr schwierig. Da braucht es einfach wieder der Begegnung mit Menschen, bei denen man wirklich spürt, dass sie einem vertrauen. Aber es ist nicht vorbei, wenn es anfangs versäumt wurde."

Burkhard Ellegast

Finde dein richtiges Tempo

Jeder vierte Mitarbeiter fühlt sich in Österreich ausgebrannt und in einem Burnout befindlich. Haben sie zu wenig auf ihre Energiereserven geachtet oder wurden ihnen diese geraubt? Ich kenne Energieräuber und habe gelernt, mich gegen sie zu wehren.

Viele Energieräuber sind in uns selbst: Perfektionismus, Selbstzweifel, Selbstausbeutung, fehlende Genussfähigkeit, mangelhafte Freude, fehlende Freunde, zu wenig (Selbst-)Liebe ... Zwei wichtige Sätze möchte ich mitgeben: Lebe Dein Leben! Und: Zeit ist die wertvollste Quelle. Nimm dir Zeit, nicht nur für die Arbeit, sondern auch für Freude, Spiel und Spaß – letztlich immer für dich. Lass dich nicht antreiben, sondern finde dein richtiges Tempo.

Als Landesdirektor habe ich versucht, zwei Wörter zu vermeiden: schnell und sofort. Gut Ding braucht Weile, und die Stressforschung bestätigt, dass die Qualität unter Druck sinkt. Fehler sind die Folgen. Ich habe auch gelernt, dass jeder anders arbeitet – es gibt detailorientierte oder globale Menschen. Es gibt MitarbeiterInnen, die lieber im „stillen Kämmerchen" arbeiten, und solche, die das Team brauchen. Und es gibt Menschen, bei denen braucht gut Dinge eine Weile, andere scheinen Lösungen schnell aus dem Ärmel zu schütteln. Alle diese Bewältigungsstrategien sind auf ihre Weise gut. Wichtig erscheint mir, dass jeder seinen persönlichen Stil findet und diesem treu bleiben darf. So kommt jeder mit seinem Tempo ins Ziel, und die Schnellsten sind nicht immer die Besten – vor allem dann nicht, wenn nachgebessert werden muss.

„Ist das Tempo für mich zu langsam, bin ich unterfordert, ist es zu schnell, bin ich überfordert. Außerdem muss ich dann für die Anpassung ständig Energie aufwenden, die ich besser anderweitig einsetzen kann."

INES STEINKOGLER-WOLSCHNER

Ich stehe auf Sexappeal

„Gott schuf also den Menschen als sein Abbild; als Abbild Gottes schuf er ihn. Als Mann und Frau schuf er sie", so steht es in der Schöpfungsgeschichte. Männer und Frauen leben und arbeiten zusammen, kommunizieren und begegnen einander, finden einander sympathisch oder gehen sich aus dem Weg. Das ist eine Sache der Chemie, sicherlich ein urzeitliches Verhaltensmuster, dem wir unbewusst folgen.

Menschen fühlen sich zueinander hingezogen, wobei Schlüsselreize eine starke Bedeutung haben. Pamela Regan und Ellen Berscheid erhoben 1995 in einer Studie, dass für 90 Prozent der Männer und 76 Prozent der Frauen ein attraktives Äußeres das Hauptkriterium für Sexappeal ist. Zu viel Schönheit wirkt sich allerdings negativ auf den beruflichen Erfolg aus – wahrscheinlich wird dadurch der Konkurrenzneid ausgelöst.

Ich bin ein Mann und mir gefallen attraktive Frauen, doch wären mir die äußeren Reize alleine zu wenig. Mir gefallen Frauen, die genau wissen, was sie wollen, die Charme besitzen, über Verstand und Wissen verfügen und auch Herzenswärme besitzen. Militante Frauenrechtlerinnen sind mir suspekt, da sie, von meinem männlichen Standpunkt aus betrachtet, den Frauen nicht unbedingt einen guten Dienst erweisen. Wer seine Fraulichkeit verleugnet und stattdessen mit Männern in Konkurrenz tritt oder diese sogar ablehnt, beraubt sich vieler Vorteile in der Kommunikation zwischen den Geschlechtern.

Frauen als sexuelles Freiwild zu betrachten, wie dies z.B. ein französischer Ex-Politiker oder ein von Testosteron gesteuerter italienischer Ex-Premier praktiziert haben, lehne ich vehement ab. Ich finde es allerdings auch bedenklich, wenn Komplimente generell als sexuelle Belästigung verunglimpft werden, wobei natürlich der Ton die Musik ausmacht und der richtige Kontext wichtig ist.

Mit meiner Frau Sibylle bin ich vier Jahrzehnte verheiratet. Wir haben zwei Kinder zu erwachsenen Männern begleitet und im Laufe der Zeit sehr viele Höhen, aber auch die eine oder andere schwierigere Zeit erlebt.

Ich denke, das ist normal und gehört auch zu einer guten Beziehung. Die Liebe zueinander hat uns alles gut überstehen lassen. Ich weiß, was ich an meiner Frau habe, schätze und liebe, und sie hat ihre guten Gründe, um an meiner Seite zu leben. Ich weiß, wie gut es tut, von ihr umarmt und gehalten zu werden, wenn es mir nicht gut geht, und ich versuche, ihr die Wärme und Nähe zu geben, wenn sie mich braucht. Wir sind beide sehr positive Menschen und haben die meiste Zeit sehr viel Spaß miteinander – auch im Bett.

Guter Sex ist wichtig für das persönliche Wohlbefinden, für den Partner und für das Zusammenleben. Sex ist anregend, entspannend, befriedigend, lust- und freudvoll, außerdem macht er großen Spaß – in jedem Alter. Meine sexuellen Bedürfnisse haben sich im Laufe der Jahre verändert, sicherlich auch die meiner Frau. Deshalb ist es wichtig, Freizeit miteinander zu verbringen, um sich selbst und den anderen immer wieder neu zu entdecken.

Ich glaube auch, dass ManagerInnen mit einem erfüllten Sexleben in einer guten Partnerschaft auch bessere und ausgeglichenere Führungskräfte sind. Deshalb halte ich auch wenig vom Pflicht-Zölibat für Priester. Wir wurden als Mann und Frau, als geschlechtliche Wesen erschaffen und sollten uns an der Sexualität auch erfreuen, denn wie singt Konstantin Wecker: „Wer nie genießt, ist ungenießbar."

„Sex ist das lustvolle, sinnliche in- und miteinander Verschmelzen zweier Menschen. Für mich sind dabei drei Komponenten wichtig: Das Begehren, das Vertrauen und die Hingabe. Wenn man Glück hat, kann man auch die spirituelle Dimension im sexuellen Vollzug erfahren."

INES STEINKOGLER-WOLSCHNER

Nimm dir die notwendige Auszeit

Leben wir, um zu arbeiten oder arbeiten wir, um zu leben? Ich möchte das eine nicht gegen das andere ausspielen, denn beides ist für unser Leben und unser Wohlbefinden wichtig: Arbeit und Freizeit.

Bei der Arbeit macht die Einstellung sehr große Unterschiede: Möchte ich mit geringem Aufwand möglichst viel verdienen? Suche ich einen Job, um mir das Leben zu finanzieren? Bedeutet die Arbeit Sinnerfüllung für mich? Ist mein Beruf auch meine Berufung?

Alles, was man gern tut, macht man auch gut. In der Praxis wird einem die Freude an der Arbeit allerdings oft auch vermiest. Als Landesdirektor konnte ich das Betriebsklima aktiv beeinflussen, doch welche Möglichkeiten hat ein junger Mitarbeiter in einer Struktur, die Arbeiten schwer macht? Zum einen muss niemand in einem schlechten Klima arbeiten. Natürlich ist der gute Arbeitsplatz heute schwerer zu bekommen, doch wo ein Wille ist, ist auch der richtige Arbeitsplatz nicht weit. Man kann aber auch versuchen, sich selbst bestmögliche Bedingungen zu schaffen. Ein positiver Ausdruck macht auf andere einen guten Eindruck. Und zuletzt gibt es die Freizeit, wo man sich Erfolgserlebnisse holen kann: im Sport, in Vereinen, beim Hobby, in der Familie – wiederum: Love it, leave it or change it ...!

Engagierte MitarbeiterInnen denken auch in ihrer Freizeit an den Beruf, haben Ideen beim Laufen oder erledigen Dinge am Wochenende. Dafür sollten sie auch die Möglichkeit haben, sich während der Normalarbeitszeit private Auszeiten zu nehmen, um ihre Angelegenheiten zu erledigen oder ganz einfach Ausgleich zu finden. Mir gefällt das Konzept von Fitness-Studios in Unternehmen sehr gut, denn nach einer Stunde Workout hat man wieder Energie getankt, um die beruflichen Aufgaben besser zu erledigen. Auch hier gilt zum einen der Vertrauensgrundsatz und zum anderen ist gutes Zeit- und Projektmanagement gefragt, damit genommene Auszeiten bei der Aufgabenlösung nicht abgehen.

Vor allem Führungskräfte sollten in der Lage sein, ihre Work-Life-Balance gut zu managen und mit gutem Beispiel voranzugehen. Dazu fällt mir ein negatives Beispiel ein, das Politiker und Gewerkschafter Jahr für Jahr praktizieren: Marathonsitzungen bis spät in die Nacht oder gar bis zum nächsten Morgen. Was kann da bei Bewegungs-, Sauerstoff- und Schlafmangel Gescheites herauskommen? Nicht viel. Ich habe den Eindruck, die Akteure wollen damit zeigen, dass sie etwas leisten und sich selbst nicht schonen. Doch vermittelt wird ein negatives Beispiel, und das Ergebnis kann auch nichts Gutes sein. Wie erfrischend wäre da ein Gewerkschaftsvorsitzender oder Manager, der die Sitzung mit den Worten verlässt: „Ich habe heute schon neun Stunden gearbeitet und gehe jetzt nach Hause, um mit meiner Tochter zu spielen und mit meiner Frau ein Glas Wein zu trinken. Morgen geht es weiter. Auch Ihnen einen schönen, erholsamen Abend."

„Arbeite ich mit Freude, dann finde ich in meinem Tun auch Sinn und investiere dafür auch Freizeit - was meine Familie meist auch als sinnvoll versteht, sofern ich zuvor richtig kommuniziert habe. Dafür sollte ich aber auch für notwendigen Zeitausgleich sorgen, um Dinge für mich zu tun bzw. mit meiner Familie zu unternehmen."

Sonja Zwazl

Man wird ja nur außen alt

Der Schauspieler Heinz Zuber ist als Clown Enrico berühmt geworden. Eines seiner Programme hat er „Man wird ja nur außen alt" genannt. Das kann ich nur bestätigen. Wer bewusst lebt, das Hier und Jetzt genießt und positiv denkt, der erkennt die Schönheit des Augenblicks.

Leben bedeutet permanent loslassen und Abschied nehmen. Als Kind wächst man aus seiner Kleidung schneller raus, als es den Eltern lieb ist. Durch das glatte Bubengesicht wächst der Bart. Von Tag zu Tag verändert sich unser Aussehen. Wie lächerlich haben wir mit der Mode von vorgestern ausgesehen. An frühere berufliche Positionen erinnere ich mich zurück, an den Landesdirektor bei der Niederösterreichischen Versicherung und zuletzt bei der Wiener Städtischen. Stationen, die hinter mir liegen.

Wenn man in Pension geht, braucht man neue Lebensziele. Ich möchte mein Wissen und meine Erfahrungen jungen Menschen weiter geben. Das ist ein reichhaltiges Betätigungsfeld. Indem ich mich mit jungen Menschen auseinandersetze, aktiviere ich auch meine jugendlichen Potenziale.

Viele glauben, in einem bestimmten Alter manches nicht mehr machen zu dürfen. Wer sagt das? Mache das, was Dir Spaß macht, egal, was die anderen denken oder sagen – ab einem bestimmten Alter kann man sich das problemlos leisten.

Ich habe junge Menschen kennen gelernt, die vom Denken oder Benehmen her älter als mein Vater waren, der 91 Jahre alt geworden ist. Alter ist eine Einstellungssache und bei immer mehr Menschen nur eine Äußerlichkeit.

„Es ist so wichtig, dass man alle Tage, die man noch zu leben hat,
einfach voll lebt, dass man versucht, dankbar dafür zu sein,
dass dieses und jenes noch geht, dass ich so Verschiedenes noch machen kann."

BURKHARD ELLEGAST

Tri-trulli-o ... Heute ist der erste Tag vom Rest deines Lebens

Je älter man wird, desto häufiger wird man mit dem Tod konfrontiert. Nahe Menschen zu verlieren tut weh, weil sie einem wichtig waren. Was man liebt, hält man fest. Man wird sich aber auch der eigenen Sterblichkeit bewusst und sieht die Jahre dahin rinnen. Umso wichtiger ist es, dem Leben nicht mehr Jahre, sondern mehr Fülle zu geben. Jetzt! Bedenke, heute ist der erste Tag vom Rest deines Lebens!

Junge Menschen glauben, unendlich viel Zeit zu haben, um „ihr Ding" zu finden und zu machen, doch rasch ändert sich diese Einstellung. Viele Menschen fallen am Ende ihres Lebens in eine tiefe Depression, weil sie den vertanen Chancen nachtrauern. Deshalb nochmals: Lebe Dein Leben – jetzt!

Pauli war einer meiner Jugendfreunde, und ich war für ihn schon ein wenig Mentor. Als ich krank war, hat er mich mit seinem Humor sehr aufgerichtet. Er war ein sehr lustiger Kerl. Vor ein paar Jahren hat er Lungenkrebs bekommen – als Schlossermeister hatte er bei seinen Schweißerarbeiten zu viele krebserregende Staubpartikel eingeatmet. Ich habe ihn im Krankenhaus und später auch zu Hause besucht und wollte ihm etwas von dem, was er mir gegeben hat, zurückgeben. Also erzählte ich von all den Projekten, die wir uns noch vorgenommen hatten: „... und im Frühjahr gehen wir dann zum Heurigen und spielen uns ein paar Bummerl aus." Er antwortete nur kurz: „James, das wird sich nimmer ausgehen." Eine Woche später war er tot.

Mein Vater ist erst kürzlich gestorben. Wenige Stunden vor seinem Tod haben wir uns noch unterhalten. Ich habe ihn gefragt: „Wie geht es dir heute?" Er hat geantwortet: „Ich bin zufrieden." Eine Gehirnblutung hat sein Leben rasch beendet.

Meine Mutter starb schwerer. Sie lag im Dämmerzustand da, doch plötzlich richtete sie sich auf und fragte: „Helmut, muss ich jetzt sterben?" Ich antwortete: „Ja, Mama, ich glaube schon." Worauf sie nach einer Weile sagte: „Tri-trulli-o – jetzt tritt i o!" Das waren ihre letzten Worte.

Wenn ich einmal sterbe – möglichst erst in vielen Jahren, denn ich habe noch einiges vor –, dann hoffe ich, dass mir mein Glaube die Kraft und den Mut für einen gütigen Tod schenkt.

„Der Tod ist das Ende des Lebens, und ich bete jeden Tag:
Auf Dich, o Herr, vertraue ich, dann werde ich nicht zu Schanden werden.
Und ich hoffe, dass ich, wenn ich sterbe, Amen sagen kann."

BURKHARD ELLEGAST

Sinnerfüllte Arbeitswelt

Thomas J. Nagy ist Systemischer Coach, Gesundheitswissenschaftler und Fachbuchautor

Warum ich Versicherungskaufmann geworden bin

Ich bin in die Handelsakademie gegangen, ohne zu wissen warum. Zwei meiner Freunde, die damals mit mir den Schulweg und die Klasse geteilt haben, schwärmten vom Beruf des Buchhalters, doch als ich allmählich drauf kam, was sich dahinter verbirgt, sträubte sich alles in mir. Ich wusste, ich hatte eine Fehlentscheidung getroffen, obwohl ich für Buchhaltung und kaufmännisches Rechnen durchaus Talent besaß.

Auch Französisch war für mich ein Problem, denn ich konnte mir damals nicht vorstellen, wofür man diese Sprache in der Praxis brauchen könnte. Warum sollte ich daher all die schwierig zu schreibenden und zu sprechenden Wörter lernen?

Hinzu kam mein Problem mit meinem damaligen „Fernseh-Professor" (damals leitete er einen TV-Französischkurs), einem sehr selbstgefälligen Mann, mit dem ich nicht konnte, doch wollte ich mich mit dem geringsten Einsatz und geschicktem Schummeln durchschwindeln. Dabei wurde ich vom „lebendigen Radargerät" (so hatte er sich selbst bezeichnet) erwischt. Er warf von seinem Katheder aus einen ziemlich schweren Schlüsselbund direkt auf meinen Tisch. Ich erschrak fürchterlich und meine Reaktion ließ meine HAK-Karriere rascher als geplant zu Ende gehen. Wie man mit Wurfgeschoßen aller Art gut umgeht, hatte ich in der „Arena des Lebens" in der Alten Kaserne gelernt. Ich nahm den Schlüsselbund und warf ihn zurück, dabei traf ich den Professor allerdings unglücklich auf der Brust.

Na, das war vielleicht ein großer Bahnhof! Mein Vater und ich wurden zum Schuldirektor vorgeladen und wir einigten uns rasch auf einen Schulwechsel in die HAK 1 am Karlsplatz. Meine alte Klasse durfte ich gar nicht mehr betreten.

Am Heimweg versuchte ich, meinem Vater klar zu machen, dass ich nicht mehr in die Schule gehen wollte. „Was willst du stattdessen machen?", war die logische Antwort. Ich wusste es nicht. Die Berufsberatung sollte das durch einen Test herausfinden. Dabei kamen drei Berufsbilder für mich in Frage: Technischer Zeichner, Koch und Konditor sowie Verkäufer. Keines dieser Angebote begeisterte mich damals.

Kurz danach hatte mein Vater einen Termin mit seinem Versicherungsberater, dem er seine Sorgen um mich schilderte. Dieser Mann sollte mein weiteres Berufsleben entscheidend mitbestimmen, denn er schilderte mir den Beruf des Versicherungskaufmannes in den buntesten Farben: Menschen aus allen Schichten sollte ich betreuen, helfen und Versicherungen verkaufen. Die Zeit könnte ich mir selbst einteilen und die Bezahlung erfolgte durch Leistung. Ich erinnerte mich an meine ersten Verkaufserfolge mit Schneeglöckchen und Mistelzweigen. Verkaufen konnte ich, welch ein Glücksfall!

In der Interunfall-Versicherung hörte sich die Personalchefin, Frau Dr. Ulrich, meine Geschichte an. Sie zeigte sich verständnisvoll, brachte mir Vertrauen entgegen und bot mir eine Jobrotation durch alle Abteilungen an. In der Berufsschule setzte sie sich dafür ein, dass mir das HAK-Jahr angerechnet wurde. So wurde sie zu meiner ersten beruflichen Mentorin. Und ich lernte das Versicherungshandwerk von allen Seiten kennen, arbeitete in der Generaldirektion und wechselte danach zu einer anderen Versicherungsgesellschaft nach Klosterneuburg. Meine Karriere hatte begonnen.

„Die richtige Berufswahl zu treffen, ist eine der schwierigsten Entscheidungen, Talente, die man hat, hält man oft für selbstverständlich, damit geht man viel zu sorglos um. Dafür sollte man wirklich professionelle Hilfe in Anspruch nehmen. Ich bin von den Potenzialanalysen sehr begeistert, egal in welchem Alter."

SONJA ZWAZL

Mache das, wonach du dich sehnst

Am Anfang habe ich gelernt, um einen Beruf zu haben. Später, als ich von Direktor Kristinus, meinem zweiten Mentor, die Chance bekam, den Universitätslehrgang zu absolvieren, habe ich gelernt, um ihn nicht zu enttäuschen, denn sein Vertrauensvorschuss hat mich motiviert. Mit der Zeit habe ich erkannt, dass ich alles nur für mich selbst, für meine eigene Entwicklung und für mein persönliches Weiterkommen lerne.

„Ora et labora" ist ein Grundsatz, der den Benediktinermönchen zugeschrieben wird, aber nicht in den Regeln des Heiligen Benedikt steht. Dafür steht in der Bibel: „Im Schweiße deines Angesichts sollst du dein Brot essen!" Ich bin ein gläubiger Mann, doch das glaube ich nicht. Denn der Beruf kann und soll auch Spaß machen.

Wenn jeder das machen würde, was er gut kann und gern macht, dann würde auch jeder seiner Berufung nachgehen. Wenn das Hobby zum Beruf wird, dann findet man seine Erfüllung und die so wichtige Selbstverwirklichung.

Oft höre ich, dass Menschen Berufe ergriffen haben, weil sie kein anderes Angebot hatten, weil die Lehrstelle in der Nähe lag, weil auch schon der Vater und Großvater den Beruf ausgeübt haben, weil sie auf die Sicherheit gehofft haben, weil sie sich bei der Arbeit keinen Haxen ausreißen wollten, weil das Gehalt gepasst hat ... Irgendwann kommt die Enttäuschung, dann folgt der Frust, und am Ende wird der Beruf zur tagtäglichen Leidensgeschichte.

Wenn ich Menschen frage, was sie eigentlich gerne gemacht hätten, dann erhalte ich oft sehr konkrete Antworten. Dabei glänzen die Augen und die Begeisterung ist spürbar. Irgendwann, in der Pension werden sie das alles nachholen. Warum nicht jetzt damit anfangen? Warum bis dahin etwas tun, das man gar nicht will? Warum nicht heute damit beginnen, sich beruflich zu verwirklichen? Mein Credo ist schon bekannt: Love it, leave it or change it ...!

Mir haben immer wieder Menschen sehr imponiert, die den Mut hatten, ihren Job hinzuwerfen, um etwas Neues zu machen und dabei Freude zu haben. Dazu fällt mir ein Jurist ein, der sich zum Kindergärtner umschulen ließ. Wenn man die Gehaltsunterschiede betrachtet, greifen sich viele an den Kopf, doch wenn man die Zufriedenheit und den Sinn als Währung hernimmt, dann ist sein neuer Beruf unbezahlbar.

Menschen, die vor der Berufswahl stehen und mich um meinen Rat bitten, stelle ich drei Fragen: Was sind deine Fähigkeiten? Womit willst du Geld verdienen? Was macht dir Spaß? Bei der Entscheidung rate ich dann: Folge deinem Bauchgefühl – es kann auch das Herz sein. Hirn setzte ich sowieso voraus.

„Ich habe jeden das tun lassen, was er kann, und habe selbst das getan, was ich kann. Da werde ich immer dankbar sein, wenn so etwas geht."

BURKHARD ELLEGAST

Begeisterung verleiht Flügel

Ich habe nie verstanden, warum Menschen aus dem Berufsleben in die Pension fliehen, ist doch die Arbeit wesentlicher Bestandteil zur Selbstverwirklichung des Menschen. Wer sich mit Langzeitarbeitslosen unterhält, erfährt sehr eindrucksvoll, welch wichtiger Bestandteil des Lebens diesen Leuten genommen worden ist.

Ich verstehe aber auch, dass es Menschen gibt, die einen Job machen, der ihnen überhaupt keine Freude bereitet. Vielleicht fehlt das Interesse, vielleicht wurde ihnen auch die Freude genommen. Mobbing ist ein schwerer Verstoß gegen die Regeln des beruflichen Zusammenlebens.

Führungskräfte, denen die Begeisterung fehlt, dürfen sich nicht wundern, wenn sie nicht motivierte MitarbeiterInnen haben. Spaß an der Arbeit überträgt sich auf die KollegInnen, auf die Kunden und auf die Öffentlichkeit. Firmen, in denen begeisterte Teams arbeiten, sind erfolgreicher.

Was passiert, wenn man einen Kranken in ein Zimmer mit Gesunden legt? Vorsicht: Ansteckungsgefahr! Als Führungskraft muss man solche Menschen aus funktionierenden Teams entfernen, sonst reißen sie auch die anderen mit. Manchmal hilft eine Ermahnung, häufiger ist ein rasches Ende notwendig, denn ein Ende mit Schrecken ist besser als ein Schrecken ohne Ende.

„Ein begeistertes Gegenüber aktiviert die Spiegelneuronen und „implantiert" die Begeisterung in die Köpfe und Herzen der Anderen."

Ines Steinkogler-Wolschner

Love it, leave it or change it ...!

Die zweite Hälfte meines bisherigen Lebens habe ich mich bemüht, nur Dinge zu machen, die ich gerne und mit Spaß mache. Es musste nicht alles Sinn machen, man kann sich auch völlig „sinnlos“ freuen, einfach, weil einem so zumute ist. Menschen, die immer vernünftig sind, sind mir suspekt.

Natürlich gibt es jede Menge Herausforderungen, die man nicht mag, die unangenehm, ärgerlich, angstmachend sind. Trotzdem muss man sich ihnen stellen. Bei der Lösung habe ich mich bemüht, das aus meiner Sicht Beste daraus zu machen, so gut ich es eben konnte. War der Widerstand zu groß, dann habe ich überlegt, ob ich es nicht sein lassen kann. Man muss sich nicht allem stellen, das einem nicht gut tut.

Viele geschlagene Frauen bleiben bei ihrem Partner, weil die Angst vor dem Neuen nach einer Trennung noch größer ist. Da lassen sich die Watschen sicherer kalkulieren. MitarbeiterInnen erdulden Schikanen und Demütigungen, weil sie die Arbeitslosigkeit oder einen noch schlechteren Job fürchten. Manager haben Angst auszusteigen, weil sie sich sonst machtlos fühlen. Keiner von ihnen tut das, was er gerne täte.

Ich glaube fest daran, dass wir die Gestalter unseres Lebens sind. Wir werden nicht gelebt, wir leben. Deshalb können wir auch verändern, was wir nicht wollen, was uns zuwider ist, was uns nicht gut tut. Wie sagte Lichtenberg sinngemäß: „Ich weiß nicht, ob es besser wird, wenn es sich ändert, aber es muss sich ändern, um besser zu werden.“

MitarbeiterInnen, die gehen wollen, soll man nicht aufhalten, aber auch nicht leichtfertig ziehen lassen. Wurde ich mit einer Kündigung konfrontiert, habe ich mir folgende Fragen gestellt: War ich zufrieden oder bin ich froh über diese Veränderung? Fühle ich mich dadurch beleidigt, in meinem Stolz verletzt, gekränkt oder bin ich „angefressen“? Habe ich bisher offen genug gesprochen oder habe ich es verabsäumt, ausreichend zu loben, wenn ich mit der Leistung zufrieden war? Habe ich selbst einen Fehler gemacht? Lässt sich ein Fehler noch korrigieren oder macht ein Rettungsversuch keinen Sinn mehr? Macht eine Aussprache noch Sinn? Kann ich die Trennung respektvoll akzeptieren?

Ich selbst habe zwei Mal die Versicherungsgesellschaft, den Arbeitgeber gewechselt. Das hat meinen Vorgesetzten nicht gefallen, doch musste ich diese Schritte auf dem Weg zu meinem Ziel gehen. Mir waren dabei Würde, Respekt und Anstand wichtig, denn in der Branche trifft man sich immer ein zweites Mal.

„Ich habe viele innovative Unternehmen kennengelernt
und bin sehr stolz auf sie. Gerade in wirtschaftlich schwierigeren Zeiten
werden die kreativsten Ideen entwickelt."

Sonja Zwazl

Menschen mit Handschlagqualität

Als ich bei der Niederösterreichischen Versicherung meine Grenzen erreicht hatte, bekam ich ein Angebot von einem Headhunter-Unternehmen. Mit der MitarbeiterIn, die mich kontaktiert und mit der ich sehr gute Gespräche geführt hatte, wollte ich allerdings nicht allein verhandeln, sondern nur mit meinem möglichen neuen Chef. So lernte ich Günter Geyer kennen, den damaligen Generaldirektor-Stellvertreter, einen Mann mit Handschlagqualität.

Bei unserer ersten Begegnung erzählte er offen von den Zukunftsplänen der Wiener Städtischen Versicherung. Als rein österreichisches Unternehmen wollte sie den Ostraum erobern, heute ist die „Vienna Insurance Group" die größte Versicherung in den CEE-Ländern.

Wenn ich zurückblicke, dann war es für mich „Liebe auf den ersten Blick". Die Werte haben gepasst, alle Parameter haben gestimmt, und alles, was wir mündlich vereinbart haben, wurde mir schriftlich bestätigt. Das war damals wichtig für meine Karriere, denn wenn man von einer politisch „schwarzen" Versicherung zu einer „roten" wechselt, sorgt das für ordentlichen Aufruhr – intern und extern. Günter Geyer war in all den Jahren ein Mann, der stets vor mir und hinter mir gestanden ist. Er wurde mir zum Freund und wichtigen Mentor.

Mit Robert Lasshofer, seinem Nachfolger, musste ich mich erst „zusammenraufen". Einer meiner Sager war damals: „Führt mich nicht nach Befindlichkeiten, sondern nach Leistung." Heute kann ich sagen, wir waren öfter mal nicht einer Meinung, doch wir hatten eine gesunde Gesprächs- und Konfliktkultur. Die Leistung hat uns auch in Niederösterreich zum Marktführer gemacht. Vielen Dank für das Vertrauen!

„Klare Worte sind für mich ehrliche Worte."

Sonja Zwazl

Studium an der Lebensuniversität

Wie komme ich zu dem Berufsziel, das ich anstrebe? Indem ich meine Fähigkeiten, Neigungen und Potenziale kenne. Ich muss aber auch Engagement, Begeisterung, Kreativität, Kondition und Durchhaltevermögen besitzen. Aber auch ein Quäntchen Glück gehört dazu – das ist kein Zufall, sondern ich muss auch zum richtigen Zeitpunkt am richtigen Ort sein. Dafür muss ich aktiv etwas tun.

Hätte ich bessere Lehrer gehabt, hätte mir die Schule mehr Spaß gemacht. Ich hätte den Sinn erkannt, hätte maturiert und ein Studium abgeschlossen. Das wäre vielleicht einfacher für mich gewesen. Ich bin aber dorthin gekommen, wo ich heute bin, weil ich die Schule abgebrochen, einen Beruf gelernt und mit Unterstützung meines Mentors einen Universitätslehrgang absolviert habe. In Seminaren habe ich sehr viel gelernt, doch das meiste Wissen habe ich in 126 Semestern an der Universität des Lebens gelernt. Vielleicht kann ich mit meinen Erfahrungen anderen Menschen helfen, schneller und einfacher zu lernen. Unser Bildungssystem vermittelt jede Menge Fachwissen, was auf der Strecke bleibt, sind oft die sozialen Kompetenzen. Nur weil einer ein guter Versicherungsmathematiker ist, ist er noch lange kein guter Vorgesetzter. Was Hänschen nicht lernt, lernt Hans nimmermehr – oder nur sehr schwer. Teamgeist, Empathie, Mitmenschlichkeit, Fairness, Gerechtigkeit, Bescheidenheit, Demut und vieles mehr sollten daher schon ab dem Kindergarten vermittelt werden. In einer Führungskräfte-Kaderschmiede ist es für die meisten viel zu spät.

Nochmals möchte ich auf Mentoren hinweisen, von denen man aufgrund ihrer Erfahrungen, ihrer Haltungen und ihrer Persönlichkeit mehr lernen kann, als in den besten Büchern steht. Gleichzeitig will ich erfahrene Menschen anregen, selbst Mentoren zu werden.

„In der Wirtschaft ist soziale Kompetenz ein wesentlicher Faktor, und ich würde mir wünschen, dass die soziale Kompetenz auch an unseren Schulen ein bisschen mehr Platz findet. Wird Schülern das Gefühl vermittelt, Versager zu sein, kann man das im Berufsleben nur schwer wieder ausbessern."

Sonja Zwazl

Wer sich einsetzt, setzt sich auch durch

Wenn ich von der Richtigkeit einer Sache überzeugt bin, dann setze ich mich dafür auch mit ganzer Kraft und Begeisterung ein. Da schaue ich auch nicht auf die Uhr – Überzeugung ist keine Sache zwischen 9 und 17 Uhr.

In Besprechungen gibt es Leute, die sagen wohl ihre Meinung, doch wenn andere diese nicht bestätigen, geben sie ihren Standpunkt rasch wieder auf. Da frage ich mich, wie überzeugt sind sie von ihren eigenen Worten?

Ich habe aber auch zahlreiche MitarbeiterInnen getroffen, die an einer Sache dran geblieben sind, auch wenn sie sich zunächst nicht durchsetzen konnten. Immer wieder haben sie einen neuen Anlauf genommen, nach neuen Argumenten gesucht und versucht, mich und die anderen zu überzeugen. Irgendwann war dann die Zeit reif, dann hat sich ihr Einsatz ausgezahlt.

Als Verkäufer weiß ich, dass der Abschluss nur selten sofort erfolgt, sondern Geduld und Ausdauer erfordert. Ohne penetrant zu sein dran bleiben, lässt einen zur ersten Wahl werden, wenn der Bedarf akut geworden ist. Da wird meist der belohnt, der sich unbeirrt eingesetzt hat.

Einsatz gehört für mich auch zu den Bürgerpflichten. Mir imponiert es, wenn sich Menschen auch in ihrer Gemeinde, bei der Rettung oder Feuerwehr, in Sportvereinen oder sozialen Einrichtungen ehrenamtlich einsetzen. Man muss nicht mit jedem Engagement Geld verdienen, doch sollte man zu dem stehen, was einem wichtig ist.

„Ohne Ehrenamtlichkeit könnten wir uns viele Sozial- und Serviceleistungen nicht leisten. Und auch in der Wirtschaftskammer arbeiten 98 Prozent der Funktionäre ehrenamtlich."

Sonja Zwazl

Einkommen zum Auskommen

Erinnern Sie sich noch an den Werbeslogan einer Bank aus dem Jahr 1988: „Geld macht glücklich, wenn man rechtzeitig drauf schaut, dass man´s hat, wenn man´s braucht." Doch wie viel Einkommen braucht man für sein Auskommen?

Ich wollte immer so viel Geld verdienen, dass ich meine Familie ernähren und meine Wünsche und Ziele verwirklichen konnte. Dazu gehörten zunächst meine Grundbedürfnisse: Wohnen, Essen, Gesundheit. Dann kamen die Dinge dazu, die mir Spaß machen und die Lebensfreude stärken. Dazu gehören meine Reisen und Urlaube ebenso wie meine Jagd in der Walster. Und die dritte Säule ist die finanzielle Absicherung meines Lebensabends, meiner Frau und zum Teil meiner Kinder, obwohl diese erwachsen und aufgrund ihrer sehr guten Ausbildung beruflich erfolgreich sind und sein werden.

Wie viel Geld ist angemessen? Das ist individuell verschieden, doch scheinen mir Überlegungen realistisch zu sein, dass Top-Manager nur das 30- bis maximal 40-fache des durchschnittlichen Gehalts ihrer MitarbeiterInnen verdienen sollten. Das mittlere Netto-Jahreseinkommen in Österreich liegt bei rd. 18.500,00 Euro. Auf dieser Basis wären das zwischen 555.000,00 und 740.000,00 Euro – also weit entfernt, von den kolportierten Spitzengagen.

„Ich habe immer gesagt, wir müssen wirtschaften,
aber nicht, damit wir ein Luxusleben haben,
sondern dafür, dass wir unsere Aufgaben erfüllen können.
Dafür muss es auch ehrlich zugehen."

BURKHARD ELLEGAST

Ich bin meinen Weg konsequent gegangen

Das französische Wort carrière bezeichnet nichts anderes als die berufliche Laufbahn eines Menschen. Somit macht jeder Berufstätige seine Karriere. Umgangssprachlich wird darunter allerdings das Erklimmen der Erfolgsleiter verstanden. Es muss nach oben gehen!

Mein Ziel war es, Landesdirektor zu werden. Ich wollte weder eine internationale Karriere machen noch österreichweit eine Führungsaufgabe haben, sondern Chef einer Versicherung in Niederösterreich sein. Dieses Ziel habe ich das erste Mal 1988 bei der Niederösterreichischen Versicherung und das zweite Mal von 1995 bis 2012 bei der Wiener Städtischen erreicht.

Auch als Manager des Basketballklubs Klosterneuburg habe ich mich in meinem Heimat-Bundesland engagiert und bin mit meiner Mannschaft von dort aus neunfacher österreichischer Meister geworden.

Meine Basketball-Leidenschaft hat während meiner Lehrzeit bei RASINT in der Wiener Liga als Jugendspieler begonnen. Mit meinem Wechsel von der Interunfall zur Niederösterreichischen Versicherung wechselte ich auch sportlich nach Klosterneuburg, wo Oberstleutnant Gruber damals mehrere kleine Lokalclubs zum Basketballklub Klosterneuburg zusammengefasst hat. Er war mein dritter Mentor und übertrug mir auch organisatorische Aufgaben.

Nach seinem plötzlichen Tod stand der Verein vor dem Aus. Ein geeigneter Nachfolger musste gefunden werden. Ich war zuvor schon Assistent des Obmanns gewesen und traute mir die Aufgabe des Spielermanagers auch zu. Dadurch hatte ich die Chance, Teams zusammenzustellen und zu begeistern. Ich konnte gute Spieler abwerben – der Manager eines anderen Vereins hat mich damals sogar mit einem Colt bedroht – und eine Mannschaft aufbauen, die UBSC, den regierenden Meister gestürzt hat. Nach neun Meistertiteln haben der damalige Manager und ich mit dem Funktionäre-Team den Verein schuldenfrei und mit einem neuen Sponsor übergeben. Unsere internationale Bilanz konnte sich auch sehen lassen: Europacupspiele gegen Real Madrid und Cibonna Zagreb, aber auch der zweifache Gewinn des Alpen-Adria-Cups und des Donau-Pokals.

Ich verstehe mich als Mensch, der sich realistische Ziele steckt, der genau seinen Platz und seine Liga kennt. Dadurch sind mir Größenwahn und fahrlässige Hirngespinste immer fremd gewesen. Ich kenne meine Stärken und Fähigkeiten und habe versucht, meine Ressourcen stets im Rahmen meiner Möglichkeiten und so gut mir das möglich gewesen ist, ein- und umzusetzen. Heute kann ich sagen, dass ich meinen Weg konsequent gegangen bin und die Karriereleiter bis zu meiner persönlichen Komforthöhe erklommen habe.

Auf diesem Weg bin ich Menschen begegnet, die ungeduldig gedrängt haben, die Ellenbögen unfair eingesetzt haben, die mehr als sie zu leisten im Stande gewesen sind, in viel zu schneller Zeit erreichen wollten. Denen ist es so ergangen, wie den Dränglern auf der Autobahn, die bei Regen, Nebel oder Schneefall ohne Rücksicht auf Verluste überholen – und dann einige Kilometer weiter im Straßengraben landen.

„Leistungsgrenzen zu erkennen, ist für mich eines der schwierigsten Dinge überhaupt. Wir erleben vielfach die Situation, dass sich Sportler überschätzen.
Für die Nationalmannschaft wird es Spieler geben, die dort keinen Platz finden, weil ich nur ein gewisses Kontingent habe. Da muss ich dem einen oder anderen sagen, dass das noch nicht sein Horizont ist. Das wird den einen oder anderen sehr hart treffen, weil er sich selbst ganz anders sieht. Da kommt es auf das Vertrauen an, auf den Glauben, dass der Trainer einem nichts Böses will.
Denn Überforderung kann ins Gegenteil umschlagen und oft sehr negativ ausgehen. Da ist es gut, wenn einem jemand die Augen öffnet."

WERNER SALLOMON

Stecke dir realistische Ziele

Viele Sportler träumen vom Olympiasieg, von der Weltmeisterschaft, von der Champions League. Im Geist sehen sie sich schon das Siegerpodest erklimmen, sie hören die Bundeshymne und wissen ganz genau, was sie beim Interview sagen würden. Dabei übersehen sie, dass bis zu diesem großen Ereignis neben der Gesundheit und Verletzungsfreiheit auch noch Training, Wettkämpfe, Einzelerfolge, Qualifikationen und die Gunst der Stunde notwendig sind. Wer das große Ziel in der Ferne fokussiert, übersieht den nächsten Schritt und stolpert. Wer Sport nur zum Spaß und als sinnvolle Freizeitbeschäftigung betreibt, hat damit viel Freude, doch zum großen Sieg wird es nicht reichen. Für diese Menschen ist der Weg das Ziel.

Mein berufliches Ziel war der Landesdirektor von Niederösterreich. Ich wollte in der Landesliga und nicht in der Bundesliga erfolgreich sein. Darauf habe ich mit Fleiß, Geduld und Engagement hingearbeitet. Natürlich wurde diese Position auch von anderen angestrebt und ich musste mich im Wettkampf messen. Selbstverständlich habe ich bei diesem Wettbewerb zeigen müssen, dass ich der bessere Kandidat bin. Und ich habe mich durchgesetzt, weil ich der Beste für diese Aufgabe gewesen bin. Da hat falsche Bescheidenheit keinen Platz.

Als Sportler weiß ich aber auch, dass es Regeln gibt, die man im Wettkampf einhalten muss. Intrigen, Bestechungen, Verleumdungen, Mobbing oder andere Fouls habe ich keine begangen. Und auch bei meinen Mitarbeitern wurden solche Vergehen mit der Roten Karte bestraft.

„Ich glaube, dass im Sport heute die Grenzen der Fairness ständig überschritten werden. Je mehr Geld im Spiel ist, desto mehr werden die Grenzen der Fairness ausgereizt und auch überschritten, weil man gierig ist.
Der Mensch ist einfach gierig, allein aus dem Überlebenstrieb heraus.
Gute Leute gehören gefördert und gute Leute gehören gut bezahlt, doch wir sind heute in einem Bereich, wo die Relationen längst nicht mehr stimmen."

WERNER SALLOMON

Träume deine Ziele

Bevor man sich konkrete Ziele steckt hat man Träume, hat man Wünsche, hat man Vorstellungen, die sich gut anfühlen, aber noch zu unkonkret sind, damit sie als Ziele durchgehen. Bei meiner Krankheit habe ich begonnen, ein Traumbuch zu schreiben. Darin habe ich meine Wunschträume und Ziele aufgeschrieben und mir Fragen gestellt: Was will ich? Wohin will ich? Was kann ich? Damals ging es auch um essenzielle Themen: Woher komme ich? Wohin will ich gehen? Aber auch: Wozu bin ich auf der Welt? Welche Aufgaben habe ich zu erfüllen? Was macht mir Spaß?

Regelmäßig blätterte ich das Buch durch und überprüfte, welchen Zielen und Vorhaben ich näher gekommen bin. Bei manchen Träumen muss ich nachsichtig schmunzeln, denn schon lange sind sie mir nicht mehr wichtig. Dafür werden andere Ziele konkreter. Was früher noch schemenhaft gewesen ist, erscheint mir heute konkreter. Ein Ziel, das ich klar und deutlich vor Augen habe und das ich auch in Worte fassen kann, erreiche ich auch. So werden Träume Wirklichkeit.

„Die Imagination allein führt nicht zur Umsetzung.
Es gibt in der Psychotherapie das Zielmodell,
anhand dessen ein Ziel auf seine Realisierbarkeit überprüft wird.
Motivation, Hemmnisse, eventueller sekundärer Gewinn
aus dem Nicht-Erreichen des Ziels, die Folgen für die Umwelt usw.
werden hinterfragt. Erst wenn das alles geklärt ist,
kann mit Hilfe der Imagination die konkrete Umsetzung erfolgreich sein."

INES STEINKOGLER-WOLSCHNER

In guten und in schlechten Zeiten

Wirtschaften bedeutet, mit knappen Ressourcen hauszuhalten. Aus dem Vollen kann man leicht schöpfen, doch wenn man mit Engpässen leben muss, trennt sich Spreu vom Weizen.

Wer mit Begeisterung an eine Sache rangeht, hat damit schon den ersten Wettbewerbsvorsprung erreicht. Wer sich den Erfolg trotz widrigen Voraussetzungen zutraut, hat eine bessere Widerstandsfähigkeit und eine größere Chance, sein Ziel zu erreichen. Unternehmergeist bedeutet für mich, seine Träume auf kreative und entschlossene Weise zu verwirklichen. Eine solche Einstellung prägt die Unternehmenskultur und ist ansteckend. Wenn man als Vorbild zeigt, dass man hinter einer Sache steht, dann motiviert man auch andere, ein Stück des Weges mitzugehen.

Die Wirtschaft ist ein Zyklus, der aus Höhen und Tiefen, aus der Konjunktur und der Krise besteht. Das Schiff in wirtschaftlich schwierigeren Zeiten zu verlassen, zeugt nicht von Charakterstärke. Außerdem spricht sich ein solches Verhalten herum und die Chancen auf ein attraktives Kommando sinken. Gerade in der Krise zeigen sich die unternehmerischen Fähigkeiten am stärksten. Den Sieg hat sich der verdient, der sich auf faire Weise durchsetzen kann, wenn es eng wird.

„In wirtschaftlich schwierigen Zeiten darf man nicht den Kopf in den Sand stecken, sondern muss sich überlegen, wie man sein eigenes Potenzial verstärken und verbessern kann. In solchen Zeiten muss ich mich fragen: Was kann ich gut? Was kann ich anders? Wie hebe ich mich von anderen ab? Das ist das Wesentliche!"

SONJA ZWAZL

Nachhaltigkeit ist gefragt

Wer kein längerfristiges Ziel verfolgt, kann nur kurzfristig reagieren. Dadurch verliert man wertvolle Gestaltungsmöglichkeiten, weil man nicht selbst den Ton angibt, sondern durch externe Aktivitäten getrieben wird.

Wer sich als Führungskraft nicht klar positioniert, macht auch seinen MitarbeiterInnen keine klaren Vorgaben. Wer nicht weiß, was von ihm erwartet wird, ist verunsichert und auch orientierungslos.

Mit Entsetzen und Verärgerung sehe ich, dass Shareholder heute die kurzfristige Rendite fordern und dadurch die langfristige Existenz von Unternehmen gefährden. Ich betrachte auch Politiker kritisch, die Versprechen abgeben, um die Wahl zu gewinnen, dabei aber den Staat, seine Finanzen, seine Reputation, seine Bürger in Misskredit bringen oder sogar gefährden.

In meiner Antrittsrede als Landesdirektor der Wiener Städtischen habe ich folgendes gesagt: „Ich komme sicher nicht mit einem Rucksack voll Geld – zu verteilen habe ich keinen Schilling – ich kann und will nur mithelfen, dass Sie durch Erfolg mehr verdienen. Ich will ein Betriebsklima schaffen, wo sich jeder wohlfühlt. Ein Team von Gewinnern!"

Durch die Fusion der Generali mit der Interunfall Versicherung waren wir zwei Jahre lang die Nummer 2. Mein Ziel war es, die Nummer 1 in Niederösterreich zu werden, unseren Arbeitsplatz zu sichern und unser Einkommen zu steigern. Dieses Ziel haben wir nachhaltig erreicht.

„Nachhaltig sein bedeutet, keine Sternschnuppe, kein Feuerwerk,
kein Blender zu sein, sondern Bestand zu haben.
Darauf kann ich aufbauen, das wird weiterentwickelt."

Sonja Zwazl

Denken auf Vorrat

Wer mich kennt, der weiß, dass ich ordentlich und genau, gewissenhaft und gut organisiert bin. Ich schreibe meine Pläne, Gedanken, Protokolle und Notizen in Bücher und dokumentiere so mein Tun. Zum einen ist es eine wertvolle Gedankenstütze für mich, zum anderen eine Erinnerungshilfe für andere, die irgendwann einmal behaupten, das Gegenteil gesagt zu haben.

Planen ist Denken auf Vorrat – wer vorausschauend ist, dem stehen im Ernstfall mehr Ressourcen zur Verfügung.

Nach einem Einbruch hat mir ein Polizist erklärt, dass die Täter Profis gewesen sind, weil sie Kästen und Laden sorgfältig und ordentlich ausgeräumt haben. Nichts wurde einfach so auf den Boden geschmissen, zu groß wäre die Gefahr gewesen, darüber zu stolpern und den Coup zu gefährden.

Gute Handwerker bringen jeden Abend ihr Werkzeug in Ordnung. Das ist zwar momentan aufwändig, doch am nächsten Morgen können sie gut vorbereitet mit geordneten Verhältnissen starten. Außerdem möchte ich selbst so bequem wie möglich arbeiten können. Das kann ich an einem ordentlichen Arbeitsplatz am besten.

„Gute Organisation verlangt gute Disziplin. Ich bin sehr kreativ und spontan und habe gelernt, die anderen auf meinem Weg mitzunehmen. Die müssen verstehen, worum es geht. Man braucht Begeisterung, aber auch systematisches, organisiertes Vorgehen, um erfolgreich ans Ziel zu gelangen."

Sonja Zwazl

Jeder kriegt das, was er verdient

Manche meiner KollegInnen haben sich über schlechtes Personal beklagt. Natürlich kann es vorkommen, dass man einmal daneben greift und eine falsche Wahl trifft, doch wenn man lauter schlechte MitarbeiterInnen hat, trägt der Chef die Verantwortung. Denn jeder kriegt das Personal, das er verdient.

Headhunter können einem bei der Vorauswahl Zeit sparen und eine Erstauswahl zu treffen helfen, doch die endgültige Entscheidung muss man aufgrund seines Bauch- oder Herzgefühls selbst fällen. Wer nicht weiß, was er will, wird auch nicht das bekommen, was er braucht.

Die Mitarbeiterauswahl ist wie die Aufstellung einer Sportmannschaft, der richtige Spieler sollte am richtig Platz sein, dort, wo er benötigt wird und seine Talente am besten entfalten kann. Wo das ist, wissen viele MitarbeiterInnen selbst nicht, deshalb muss man die richtigen Fragen stellen, um die richtigen Antworten zu erhalten. Dafür braucht man Erfahrung, Menschenkenntnis, Fingerspitzengefühl, sicher auch Courage und auch Mut, Menschen eine Aufgabe zuzutrauen, in die sie allmählich hineinwachsen.

Noch einmal zitiere ich meine Antrittsrede als Landesdirektor: „Um das zu schaffen, werden wir jeden Tag hart trainieren bzw. arbeiten. Ich bin bereit dazu – und verlange das Gleiche von Ihnen!“

Wenn jemand den angepeilten Weg nicht mitgehen wollte oder konnte, nicht ins Konzept gepasst hat oder ich ganz einfach unzufrieden gewesen bin, dann habe ich die MitarbeiterIn auf meine Transferliste gesetzt und mich bemüht, sie so gut wie möglich weiterzuempfehlen.

„In den großen Ligen spielt Geld eine wesentliche Rolle, Geld, das auf erlaubte und unerlaubte Weise transportiert wird. Dort geht es nur noch über Manager und über Agenturen. Beim Basketball in Österreich bewegen wir uns noch in einem Bereich, wo wir das direkte Gespräch mit dem Spieler führen. Man macht ein Angebot, nach einer Bedenkzeit kommt man wieder zusammen, man spricht über den Vertrag und das Finanzielle. Bei uns im Verein haben wir in den letzten Jahren nie mit Managern verhandelt, sondern direkt mit den Spielern. Ich bin Managern gegenüber sehr skeptisch geworden, weil sich der Spielertransfer leider oft zum modernen Menschenhandel entwickelt hat. Da wird mit der Ware Mensch gearbeitet, das ist für mich abscheulich!"

WERNER SALLOMON

Anschaffen allein ist zu wenig

Wer glaubt, die Aufgabe einer Führungskraft liege darin anzuschaffen, Druck zu machen und seine Macht auszuspielen, der irrt gewaltig. Führen ist für mich in erster Linie eine Kommunikationsaufgabe: (ein)teilen, mitteilen, gemeinsam machen, aber auch mit allen Leuten zu reden und sich zu besprechen.

Anweisungen sind notwendig, doch müssen sie klar sein – und zwar jedem Mitarbeiter. Ob sie klar sind, erfährt man nur durch Nachfragen und durchs Wiederholen lassen.

Achtc bei Anweisungen darauf, dass die Anforderungen realistisch sind. Verlange nicht mehr, als du selbst zu leisten in der Lage wärst. Gehe nicht davon aus, dass MitarbeiterInnen Nichtstuer, Faulenzer, Tachenierer sind, denn niemand will als Verlierer dastehen.

Grundsätzlich will jeder begeisterte Mensch sein Ziel erreichen, ja, sogar übertreffen.

Wer von anderen etwas haben will, darf grundsätzlich mit Lob in angemessener Weise nicht sparen. Jeder bekommt das, was er/sie braucht!

„Führung bedeutet, aus dem anderen das heraus zu holen, was in ihm steckt."

BURKHARD ELLEGAST

Lob, wem solches gebührt

Wenn ich heute auf meinen beruflichen Weg zurückblicke, dann weiß ich, dass ich meine MitarbeiterInnen noch mehr loben hätte sollen, als ich es getan habe. Ich habe gesehen, dass sie gut gearbeitet haben und dies manchmal als Selbstverständlichkeit angenommen. Das war es aber keineswegs.

Wenn man Menschen fragt, die sich ausgebrannt fühlen, was ihrer Meinung nach passiert ist, dann berichten sie häufig über Frustrationen, über Enttäuschungen, über mangelnden Respekt und über fehlende Anerkennung. Sie fühlen sich nicht wahrgenommen.

„Was Ihr immer daherredet", hört man so manchen Vorgesetzten sagen und dann den Nachsatz: „Viel mehr richtig ist, dass ..." Da kann man sich als Mitarbeiter nur schlecht fühlen. Auf einer solchen Basis haben Motivation, Einsatzbereitschaft und Arbeitsfreude keinen Platz.

Lob wirkt Wunder, wenn dieses unmittelbar, leistungsbezogen und angemessen erfolgt. Übertriebene Lobhudelei wird als schmierige Anbiederung abgelehnt. Außerdem sollte Lob individuell und konkret ausgesprochen werden: Du allein bist damit gemeint.

Lob sollte aber nicht nur top-down erfolgen, sondern ebenso zwischen KollegInnen und auch hinauf zum Vorgesetzten. Ja, auch Führungskräfte brauchen Lob und Anerkennung. Und in passender Weise können sie es auch sehr gut annehmen.

„Lob und Anerkennung heben den Selbstwert und bewirken ein positives Lebensgefühl."

INES STEINKOGLER-WOLSCHNER

Macht über sich und andere

Wer eine Führungsposition anstrebt, will damit auch die zwangsläufig verbundene Macht. Doch bevor er diese ergreift, sollte er sich fragen, welche Motive er dafür hat. „Erkenne dich selbst" soll der Überlieferung nach am Eingang des Tempels von Delphi gestanden sein. Warum brauche ich Macht? Wie möchte ich diese Macht verwenden?

Wer Macht über andere Menschen ausüben will, muss zunächst einmal Macht über sich selbst gewinnen.

Immer wieder kommt es vor, dass sich fähige, kompetente, umgängliche Menschen völlig verändern, sobald sie in eine Machtposition kommen. Kann die Macht den Charakter verderben oder sollten schwache Charaktere keine Macht erhalten?

Ich habe mich immer wieder gefragt: Was macht die Macht mit Dir? Haben sich die Ansichten, das Auftreten, die Wertvorstellungen, der Kommunikationsstil, der Umgang mit anderen, die Wertschätzung, die Demut und noch viel mehr verändert? Nachdem ich mir die Frage selbst beantwortet habe, habe ich auch Vertraute um ihre Meinung gefragt. Hat das Selbstbild mit dem Fremdbild nicht übereingestimmt, habe ich an den negativen Punkten selbstkritisch gearbeitet. Macht braucht Kontrolle!

„Macht ist eine ungeheure Verantwortung, die nicht willkürlich eingesetzt werden darf. Macht ist aber auch schön, weil man Ideen umsetzen kann und sich dabei gewisse Umwege erspart, weil man direkter gehen kann. Macht ist aber auch etwas, wo es mich nicht irritiert, wenn mir hie und da jemand versucht, ans Bein zu pinkeln."

SONJA ZWAZL

Ein Bild von einem Manager

Führungskräfte haben eine Aufgabe, eine Position und eine Rolle im Unternehmen. Um den verschiedenen Anforderungen gerecht zu werden, sollte man sich selbst gut kennen und Macht über sich selbst haben.

Manager brauchen Kraft, um andere Menschen zu führen, nicht aufzugeben, Widerstände zu überwinden und Interessen durchzusetzen.

Kommunikative Fähigkeiten sind gefragt, um ihre Wünsche und Vorstellungen mitzuteilen, Vorschläge und Anregungen zu hören, Menschen zu motivieren, Forderungen zu stellen, Erfolge zu verkaufen und andere zu überzeugen.

Kreativität ist die Fähigkeit, neue Ideen nicht nur zu gebären, sondern diese auch erfolgreich umzusetzen. Wer vorausgeht, sollte auch vorausdenken können.

Menschenkenntnis ist wesentlich, wenn die richtigen Mitarbeiter an der richtigen Position eingesetzt werden sollen. Teams müssen zusammengestellt, aufgestellt, eingestellt und bei Bedarf auch wieder verändert werden.

Ein Teambildungsprozess ist mir nachhaltig in Erinnerung geblieben. Wir sind dazu ins Fadental gefahren, um dort Iglus zu bauen und darin zu übernachten. Vier neue Mitarbeiter und eine Führungskraft bildeten jeweils ein Team. Ziel war das Kennenlernen und Kooperieren, aber auch das Erkennen von Engagement, Belastbarkeit und Durchhaltevermögen. Stärken und Schwächen sollten so aufgezeigt werden. Wir erreichten dabei unsere Grenzen, denn mit minus 30 Grad waren damals der kälteste Tag und die kälteste Nacht im ganzen Jahr. Diese Erfahrung hat uns alle eng zusammengeschweißt.

Damit solche extreme Situationen, aber auch komplexe Abläufe, einfach strukturiert werden können, ist Organisationstalent notwendig. Strategisches, operatives und taktisches Geschick erleichtern dabei die Umsetzung. Manager müssen mit gutem Beispiel vorangehen, sonst hat das alte Sprichwort seine Gültigkeit: "Wie der Herr so's G'scherr." Ich habe im Iglu durchgehalten.

Mut gehört dazu, um unpopuläre Entscheidungen zu treffen, um Krisen zu bewältigen oder um Konflikte zu lösen.

Ein gutes Betriebsklima ist nicht nur Sache der MitarbeiterInnen, denn eine Führungskraft muss für ein solches sorgen. Dazu gehören klare Regeln, strenges Vorgehen bei Vergehen, aber auch Lob und Anerkennung, wenn die Aufgabe gut gemacht wird.

Menschlichkeit und soziale Kompetenz machen den großen Mehrwert aus. MitarbeiterInnen sind keine Maschinen, sondern Menschen mit Stimmungen, Launen, Sorgen, Problemen, guten und schlechten Formkurven. Verständnis, Hilfsbereitschaft und Loyalität lassen Krisen gemeinsam erfolgreich bewältigen.

Masken können im Fasching aufgesetzt werden, doch sollten sie von Managern nicht getragen werden. Wer echt ist, kommt auch authentisch rüber.

Führungskräfte können und dürfen nicht alles selbst erledigen, daher müssen sie auch Verantwortung und Aufgaben delegieren und das Ergebnis kontrollieren können.

Ich war immer einer, der vorangegangen ist, ein Macher, der Verantwortung über- und etwas aktiv unternommen hat. Ich war aber auch bekannt als der Delegierer und Kontrollierer.

„Ich selbst muss zunächst das leben,
wohin ich einen anderen führen möchte."

BURKHARD ELLEGAST

Du kannst nicht alles selbst machen

Wenn ein Manager glaubt, selbst der beste Mitarbeiter sein zu müssen, wird er/sie sich rasch überfordern. Gute Führungskräfte stellen sich ein Team zusammen, in dem die besten ExpertInnen versammelt sind, die bessere Ergebnisse liefern können, als der Manager selbst dazu in der Lage wäre. Das Ganze ist bekanntlich mehr als die Summe seiner Teile.

Ich kenne aber auch Manager, die davon überzeugt sind: „Die Leut san alle deppert, außer mia". Georg Danzer hat darüber ein passendes Lied geschrieben. Solche Deppen bekommen die MitarbeiterInnnen, die sie verdienen, und heraus kommt nichts Gescheites.

Wer delegiert, gibt Macht und Kontrolle ab und übernimmt für die Handlungen von anderen die Verantwortung. Dafür bekommen Führungskräfte aber auch mehr bezahlt als ihre MitarbeiterInnen, das gehört zum Berufsrisiko.

Wenn ich heute sehe, wie viele Ex-Minister der Regierung Schüssel wegen Korruption unter Verdacht oder vor dem Richter stehen, dann frage ich mich, welche Verantwortung trägt da der Chef?

Wieder ist die gute Vorbildwirkung wichtig. Wenn man als Führungskraft Werte lebt, dann orientieren sich auch MitarbeiterInnen daran. Dann kann ich ihnen auch Aufgaben übertragen und sicher sein, dass sie im gewünschten Rahmen erledigt werden.

Delegieren ist auch Vertrauenssache. Wer anderen nicht traut, traut sich selbst auch nicht zu, die richtigen Personalentscheidungen getroffen zu haben.

„Mein Bemühen als Abt war es, meine Mitbrüder so zu führen,
dass sie die Ordnung in Freiheit annehmen und nicht,
weil sie es müssen und es so sein muss. Ich habe immer wieder versucht,
sie so zu führen, dass sie es aus Eigenem heraus bewusst und frei tun."

BURKHARD ELLEGAST

Schweigen ist Gold

Wer Menschen führt, der erfährt auch Dinge über sie, die nicht jeden etwas angehen. Manche MitarbeiterInnen haben Schulden, eine Gehaltspfändung, Alkoholprobleme, Beziehungskrisen und andere Probleme, die es zu lösen gilt. Dafür sind Fingerspitzengefühl und Diskretion gefragt.

Trennt man sich aktiv von MitarbeiterInnen, sollte dies nach Möglichkeit einvernehmlich erfolgen. Ist eine Entlassung notwendig, dann sollte man gut darauf achten, dass diese stilvoll und mit Respekt abgewickelt wird. Eine schlechte Nachrede, in der womöglich noch vertrauliche Dinge ausgeplaudert werden, wirft kein gutes Bild auf die ausscheidenden MitarbeiterInnen, aber ein noch schlechteres auf deren ehemaligen Arbeitgeber. Denn wenn die Mitarbeiter tatsächlich schlecht gewesen sind, wurden sie von ihren Vorgesetzten schlecht ausgewählt. Und wenn Tratsch verbreitet wird, wird solcher mit größter Wahrscheinlichkeit auch über Kunden und Mitbewerber verbreitet.

Habe ich Gerüchte über Mitbewerber oder Kunden gehört, galt es, diese zu verifizieren. Steckte ein Körnchen Wahrheit und somit auch mögliche Gefahr dahinter, habe ich mich davor gehütet, dieses zu schüren und zu verbreiten. Ich habe gelernt, dass Schweigen in solchen Fällen immer Gold ist.

Wenn die Gefahr groß ist, etwas auszuplaudern, sollte man sich fragen, worin der Nutzen liegt. Geht es nur ums Aussprechen und ums Reden, kann man sich einen Coach buchen, der zur Verschwiegenheit verpflichtet ist. Geht es um Rache, sollten wir uns fragen, warum wir uns so verletzen haben lassen. Geht es um einen Konkurrenzkampf, dann sollten wir uns fragen, wie wir nach der Indiskretion bei Kunden, Lieferanten und in der Öffentlichkeit dastehen.

Wissen, über das man Stillschweigen hält, kann manchmal ein wertvolles Argument für uns sein. Eine so wertvolle Option sollte sicher verwahrt werden.

„Diskretion und Vertraulichkeit sind wichtige Qualitäten,
um sich in einer Beziehung sicher fühlen zu können.
Manche Bereiche unterliegen der gesetzlichen Verschwiegenheitspflicht,
z.B. dem Arzt- oder Therapeutengeheimnis.
Darüber hinaus sollten sie in jeder Beziehung
eine Selbstverständlichkeit sein."

Ines Steinkogler-Wolschner

Ende gut, alles gut

Arbeitsverhältnisse sind keine Ehe, die abgeschlossen wird „bis dass der Tod uns scheidet". Arbeitgeber und Arbeitnehmer beschließen, ein Stück des beruflichen Weges gemeinsam zu gehen. Und so laufen befristete Dienstverhältnisse aus und unbefristete werden einvernehmlich oder einseitig gekündigt. Das ist ganz normal und sollte keine Tragödie sein.

Natürlich ist es schwer zu akzeptieren, wenn man von guten Mitarbeitern verlassen wird, weil diese einen für sie besseren Arbeitsplatz gefunden haben, bei dem sie womöglich das Wissen, das man ihnen vermittelt hat, gegen uns einsetzen. Nachdem es umgekehrt auch solche Fälle gibt, gleichen sich diese Ereignisse auf Dauer meist aus.

Bevor es zu einem Krach kommt, bei dem Respekt und Wertschätzung verloren gehen, sollte man die Zusammenarbeit bei unterschiedlichen Meinungen besser beenden. Davon profitieren beide Partner.

Und wenn ein Mitarbeiter nicht ins Team passt, dann wäre es auch diesem gegenüber unfair, ihn in seinem Fortkommen zu behindern. Als ehemaliger Sportmanager weiß ich, dass am Ende jeder Saison eine Transferliste aufgestellt wird. Nachdem für Sportler Ablösen bezahlt werden, versuchen die Clubs, die abgehenden Spieler bestmöglich anzupreisen. Im Berufsleben war es für mich immer das Ziel, sich ohne Beschimpfungen oder Beschmutzung des guten Rufes zu trennen.

Es gibt aber auch Situationen, die eskalieren. Da war mir das Ende mit Schrecken immer lieber als ein Schrecken ohne Ende. Rasch, sauber und professionell habe ich versucht, mich von solchen MitarbeiterInnen zu trennen.

Wenn man selbst ein Unternehmen verlässt, dann sollte dies in möglichst gutem Einvernehmen geschehen, denn man weiß nicht, wann und wo man sich wieder begegnet. Ehemalige Mitarbeiter können zum Beispiel auf Kundenseite wechseln, harte Konkurrenten oder Lobbyisten werden, die unangenehmer als notwendig sind.

*Wenn man sich trennen will, soll man das auch ehrlich sagen.
Man muss sich der Situation auch stellen und darf diese Aufgabe nicht delegieren, denn das finde ich beleidigend.
Es ist unangenehm, man will sich davor gerne drücken, doch es gehört zur Führungsaufgabe dazu."*

SONJA ZWAZL

Lasst uns miteinander ...

Werner Sallomon ist neben seiner Tätigkeit als Direktor des Sonderpädagogischen Zentrums in Klosterneuburg auch Coach des Basketballklubs Klosterneuburg und Trainer der Basketball-Nationalmannschaft.

Stimmt die Chemie nicht, lass es sein

Manchmal wollen wir Dinge unbedingt haben und glauben, dass sie jeden Preis wert sind. Später sind wir dann enttäuscht, weil wir uns zuvor schon getäuscht haben. Im Laufe der Jahre habe ich gelernt, meinem Gefühl zu vertrauen. Stimmt bei einer Bewerbung, einer Präsentation, einer Vorstellung, einer Akquisition, einer Verhandlung die Chemie am Anfang nicht, dann kommt am Ende auch nichts Gutes heraus.

Das hat etwas mit der Authentizität und der Kongruenz zu tun. Unser sechster Sinn nimmt wahr, wenn etwas nicht passend erscheint, wenn etwas unstimmig ist. Oft kann man das gar nicht in Worte fassen, doch später irgendwann, sieht man die Zusammenhänge klarer und ist froh, mit der Sache nichts zu tun gehabt zu haben.

Verräterisch ist dabei auch die Sprache. „Eigentlich" ist so ein Reizwort oder auch „ja, aber". Spüren Sie, was ich meine?

„Der Ausdruck „zwischenmenschliche Chemie" ist mir zu chemisch. Mir ist die gleiche „Wellenlänge" lieber, weil sie in etwa das Gleiche bedeutet. Für mich kann damit besser die Dynamik ausgedrückt werden, die zwischen Menschen abläuft. Wenn man auf der gleichen Wellenlänge schwimmt, kann es zu harmonischen Übereinstimmungen kommen oder durch Polarisierungen zu befruchtenden Ergänzungen. Wenn die Wellenlänge nicht passt, eckt und hakt es ständig und es wird keine vertrauensvolle berufliche oder private Beziehung möglich sein."

Ines Steinkogler-Wolschner

Niemand ist eine Insel

Leider leben wir in einer Zeit, in der der Individualismus und der Egoismus für manche zu einem Ideal erhoben werden. Sich mit Ellenbogeneinsatz das nehmen, was einem zuzustehen scheint, nichts verschenken, geizig und geil sein, werden als Slogans zur Devise ausgerufen. Gleichzeitig scheinen Beziehungen an Bedeutung zu verlieren. Die Zahl der Singles steigt und auch die Einsamkeit wächst.

Menschen brauchen andere Menschen zum Austausch, zum Reifen, zum Leben. Das belegt auch ein Experiment Kaiser Friedrichs II aus dem 12. Jahrhundert. Um die „Ursprache" der Menschen zu erforschen, wollte man Babys ohne Ansprache und Zuneigung aufwachsen lassen. Alle Kinder starben und der römisch-deutsche Kaiser schrieb: „Sie vermochten nicht zu leben ohne das Händepatschen und das fröhliche Gesichterschneiden und die Koseworte ihrer Ammen."

Wir alle brauchen die Zuwendung von wohlgesonnenen Menschen, die uns Zeit, Aufmerksamkeit, Lob, Anerkennung, Freundschaft, Feedback, Liebe schenken. Unser Ich braucht das Du zum (Über-)Leben. Niemand ist eine Maschine, niemand ist eine Insel. Das ist übrigens aus einem schönen Text von John Donne: „Niemand ist eine Insel, in sich ganz; jeder Mensch ist ein Stück des Kontinents, ein Teil des Festlandes ... Jedes Menschen Tod ist mein Verlust, denn ich bin Teil der Menschheit; und darum verlange nie zu wissen, wem die Stunde schlägt; sie schlägt dir selbst."

„Ich glaube, dass es Egoismus immer gegeben hat und sich dieser nur in anderen Erscheinungsformen als heute gezeigt hat. In unserer Zeit der zunehmenden Individualisierung tritt der Egoismus deutlicher und ehrlicher auf. Die Vereinzelung des Menschen in unserer Gesellschaft hat, glaube ich, mehr mit der Globalisierung, dem Internet und dem Leben in virtuellen Welten zu tun, wobei die jüngere Generation, die mit diesen Medien aufgewachsen ist, schon das Gefühl hat, mit allen vernetzt und verbunden zu sein – auf einer Ebene, die uns Älteren fremd ist."

Ines Steinkogler-Wolschner

Wahre Freunde sind selten

Freundschaft hat seine Bedeutung durch die Social Medias grundlegend geändert. Registrierte User haben Hunderte, Tausende virtuelle „friends", mit denen sie sich austauschen. Doch wie viele reale Freunde haben wir? Mit wem haben wir gerne Spaß? Mit wem lachen wir gerne?

Durch meinen Beruf habe ich Tausende Menschen sehr nahe kennengelernt, viele oberflächlich, einige tiefergehende Freundschaften sind entstanden. Doch wahre Freunde habe ich nicht so viele. Zu ihnen zählen die Mitglieder des Club Alibi, von dem ich noch erzählen werde.

„Ein Freund ist einer, der dich mag, obwohl er dich kennt", ist ein afrikanisches Sprichwort, das mir sehr passend erscheint. Nur die Sonne zu genießen, ist einfach, doch den Schatten muss man auch ertragen, wenn man ein Freund ist. Gerade in schlechten Zeiten erkennt man, wer zu einem hält und wer sich der nächsten Sonnengestalt zuwendet.

Als Führungskraft sollte man sich vor den Energieräubern ebenso wie vor den Schulterklopfern hüten, die plötzlich auftauchen, wenn der Erfolg da ist. Viele erhoffen sich eigene Vorteile und nutzen die Nähe durch Schmeicheleien hemmungslos aus. Deshalb ist es sehr wichtig, sich aus befriedigter Eitelkeit nicht blenden zu lassen. Falsche Freunde sollte man meiden bzw. sollte man sich von ihnen trennen, wenn man ihnen auf den Leim gegangen ist.

„Freundschaft bedeutet, nicht nur das zu sehen,
was toll an einem anderen Menschen ist,
sondern auch das zu akzeptieren – mehr noch, das zu lieben -,
wo wir nicht konform gehen."

BURKHARD ELLEGAST

Kleine Geschenke erhalten die Freundschaft

Nachdem die Geschenkannahme durch Manager und Politiker mit Recht ins Gerede und in den Fokus der öffentlichen Kritik gekommen ist, weil die Grenze zur Korruption weit überschritten wurde, gelten als Orientierungshilfe die drei Ks: Kleinigkeiten, Kugelschreiber, Klumpert!

Dennoch gibt es für mich kleine Geschenke, die man mit ruhigem Gewissen weitergeben kann: ein Lächeln, ein wohlgemeintes Wort, ein hilfreicher Tipp, eine Geste der Zuwendung, ein freundlicher Blick ... Das Schöne an ihnen ist, dass sehr viel Gutes zurück kommt. Wie du in den Wald hineinrufst, so hallt es auch zurück. Das schönste Geschenk für einen anderen Menschen ist immer meine Zeit.

Meine Tante Tini hat mich einen Aphorismus aus Island gelehrt: „Nimm dir Zeit, um freundlich zu sein: es ist das Tor zum Glücklichsein."

Ich bemühe mich, Menschen mit Worten zu beschenken, wenn die Gelegenheit gut und günstig ist: Ich wünsche dir ... von ganzem Herzen ...; Ich mag dich, ich hab dich gern, ich liebe dich ...; ich schicke dir Kraft / Energie ...

Und noch ein Ritual ist für mich sehr wirkungsvoll, obwohl es vielleicht altmodisch klingt: Ich segne dich. Segnen kommt vom lateinischen Wort „signare", das „mit dem Zeichen (Kreuz) versehen" bedeutet und mit „benedictio" in Verbindung steht: jemandem Gutes von Gott her zusagen. Mit dem Segen wünschen wir anderen Glück, Gedeihen, Schutz und Bewahrung. Alles Gute!

„Die Spiegelneuronen funktionieren nach dem Prinzip:
Wie du in den Wald hinein rufst, so schallt es zurück.
Wenn positives Feedback, ein Lächeln, Anerkennung ausgedrückt werden,
so werden im Gehirn des Gegenübers die gleichen Qualitäten aufgerufen."

Ines Steinkogler-Wolschner

Vom Miteinander der Geschlechter

Im Berufsleben bin ich auf viele Männerbünde und Männer-Seilschaften gestoßen. Es gibt auch Frauennetzwerke, doch bin ich davon überzeugt, dass nur Männer und Frauen gemeinsam die größten Erfolge schaffen können.

Im chinesischen Taoismus gefällt mir die Metapher von Yin und Yang: Yin ist dunkel, weich, heiß, ruhig und weiblich; Yang ist hell, hart, kalt, aktiv und männlich. Beide ergänzen sich und wechseln einander ab.

Immer wenn ich im Berufsleben Teams zusammengestellt habe, achtete ich darauf, dass Männer und Frauen einigermaßen ausgeglichen repräsentiert waren. Das tat dem Betriebsklima immer sehr gut. Auch bei Präsentationen vor Kunden ist es gut, beide auftreten zu lassen, um die weibliche und die männliche Energie zu entfalten. Jedes Geschlecht hat seine Stärken. Aber auch jeder Mensch hat männliche und weibliche Seiten. Männer haben sich lange gescheut, ihren weichen Kern zu zeigen, doch bemerke ich in jüngster Zeit einen positiven Veränderungsprozess.

Wenn allerdings Quoten erfüllt werden müssen und die Qualifikation dabei auf der Strecke bleibt, halte ich das im Wirtschaftsleben wie auch in der Politik für einen Unsinn, der niemandem nutzt.

„Wenn ein Mann eine Frau um Rat bittet, wird hin und her geredet
und her und hin, und am Ende kommt in etwa das raus,
was die Frau am Anfang geraten hat.
Das Blödeste, das eine Frau dann machen kann,
ist, ihm zu sagen: Das habe ich dir schon vorhin gesagt!"

BURKHARD ELLEGAST

Männersache

„Wann ist der Mann ein Mann?“, fragt sich Herbert Grönemeyer. Was macht für mich einen richtigen Mann aus? Zuverlässigkeit und eine Handschlagqualität stehen für mich an oberster Stelle. Hinzu kommt eine gute und aufrichtige Kommunikation, zu der auch Zuhören gehört. Männer sind eher Macher als Zuhörer, doch wenn sie sich die Zeit nehmen und zuhören, können sie später auch das Richtige machen.

Vertrauen erwecken und Vertrauen schenken ist für einen Mann sehr wichtig. Tratsch und Klatsch kann ich nicht leiden! Diskretion ist bei mir ganz groß geschrieben.

Natürlich kommt es auch auf das Auftreten, auf das Erscheinungsbild und auf das gute Benehmen an, dazu gehört für mich auch die Pünktlichkeit.

Loyalität und Solidarität zeichnen gute Männer aus. Sie sollten keine Windfahnen sein, sondern zu einer Sache und zu anderen Menschen stehen.

Männer sehe ich nicht als harte Hunde, sondern als Menschen mit einem ausgeprägten Sozialverhalten, keine Egoisten, sondern Teamplayer. Männer haben auch ihre weichen Seiten und sollten diese in den „soft skills“ ausleben: zuhören, mitfühlen, einfühlen, loben, danken, demütig sein ...

Viele Menschen haben eine „i-bin-i-Mentalität“, doch wenn man sie fragt, wer sie sind, bleiben die Antworten aus. Über sich und sein Mannsbild nachzudenken, zahlt sich aus.

„In der Gesellschaft glaubt man noch immer, dass der Mann härter
und erfolgreicher sein muss. Warum soll ein Mann keine Empfindungen haben?
An einem Mann schätze ich Ehrlichkeit und Verlässlichkeit.
Ein Mann soll zu seinen Gefühlen stehen und nicht auf „Toller Hecht“ spielen.“

Sonja Zwazl

Frauensache

Ich habe immer sehr gern mit Frauen zusammengearbeitet, weil diese anders ticken als ich und mir dadurch neue, wertvolle Perspektiven geöffnet wurden.

Paul Watzlawick hat sinngemäß beschrieben, dass Männer eine Ellipse mit zwei Brennpunkten sind: Emotion und Ratio. Frauen hingegen sind ein Kreis mit Emotion und Ratio in einem Brennpunkt. Während Männer „entweder-oder" programmiert sind, gilt für Frauen „sowohl, als auch". Vielleicht sagt man ihnen deshalb nach, Multitasking betreiben zu können.

Frauen können aus meiner Sicht besser zuhören als Männer. Sie sind sensibler und einfühlsamer. Wenn es darum geht, Hintergründe einer Angelegenheit besser zu verstehen, hole ich eine weibliche Interpretation ein.

Männer wollen als starke Eiche jedem Sturm trotzen – auch wenn dabei Äste brechen; Frauen sind wie ein Grashalm, der sich dem Sturm beugt und danach elastisch und unversehrt wieder aufsteht.

Frauen haben auch viele weise Geschichten zu erzählen. Solche kenne ich von der Oma, meiner Mutter und auch den vielen Tanten. Sie wussten, dass ich einen festen Willen habe, deshalb haben sie mir auch nichts direkt angeschafft, sondern stattdessen Geschichten von anderen Leuten und ihren Lösungen erzählt. Diese haben mich nachdenklich gemacht. So ist es ihnen gelungen, dass ich glaubte, aus eigenem Antrieb meine Entscheidungen getroffen zu haben. Was für kluge Frauen!

„Ich wurde von Frauen aufgezogen – gar nicht so sehr von meiner Mutter, sondern von meiner Urgroßmutter und von meiner Tante. Ich war immer umhegt in einer Umgebung von Frauen, daher sehe ich nicht so einen großen Unterschied zwischen Mann und Frau. Für mich ist Geschlechtertrennung nicht so ein großes Thema, denn ich unterscheide zwischen Menschen. Ob das eine Frau oder ein Mann ist, ist für mich nicht so relevant."

Werner Sallomon

Drum prüfe, wer sich ewig bindet

„Hinter jedem erfolgreichen Mann steht eine starke Frau", ist ein beliebtes Zitat. Mir zur Seite steht Sibylle, eine sehr starke Frau, die seit vier Jahrzehnten zu mir hält.

Loki Schmidt, die verstorbene Gattin des Deutschen Ex- Bundeskanzlers, hat über ihre gemeinsamen 76 Jahre in Freundschaft und 68 Jahre in Ehe sinngemäß gesagt, dass ihre Beziehung nicht aus Stroh- und Reisigfeuer von Verliebtheit entstand, sondern in Dreck und Not. Für die beiden war „viel Zeit zum Zanken" da.

Der Volksmund spricht richtig davon, dass man sich in einer Partnerschaft erst „zusammenraufen" muss. Im Management nennt man das dann „storming – norming – forming – performing". Nach der ersten Verliebtheit kommt die Phase der Orientierung. Dann ist Konfrontation angesagt. Diese Phase überstehen viele Beziehungen – privat oder beruflich – nicht. Hat man die Positionen abgesteckt, ist Kooperation und später Wachstum möglich. Irgendwann kommt dennoch die Auflösung. „Mein Wunsch ist es, dass wir beide zusammen gehen!", sagte Loki Schmidt kurz vor ihrem Tod. Ich wünsche mir mit Sibylle noch viele gemeinsame Jahre, um das miteinander zu erleben, was wir uns vorgenommen haben.

„Etwas gehört zur Liebe, das heute leider nicht mehr so wichtig genommen wird: Treue, dass man wirklich zum Partner steht."

Burkhard Ellegast

Ich bin Vater und Großvater

Während es für Führungskräfte Managementseminare und Weiterbildungen gibt, kann jederman Vater oder Mutter werden. „Eltern werden ist nicht schwer, Eltern sein hingegen sehr“, das Sprichwort kann ich nur unterstreichen.

Meine Mutter hatte kein leichtes Leben und ich habe mit ihr so manchen Konflikt ausgefochten. Von meinem Vater habe ich den Optimismus geerbt. Erst als ich selbst Vater war und erlebte, wie schwer es ist, die Elternrolle auszufüllen, habe ich viele Episoden der Vergangenheit mit anderen Augen gesehen.

Die perfekten Eltern gibt es nicht, wohl aber Eltern, die – so gut es ihnen möglich ist – Vater und Mutter sind. Dazu gehören auch ihre Fehler und Schwächen.

Eltern sind die ersten „Götter“ für Kinder. Sie sind von ihnen abhängig, orientieren sich an ihnen und nehmen sie zum Vorbild. Später dann muss die Loslösung erfolgen, um ein selbstständiges Leben beginnen zu können. Das ist eine schwere, anstrengende und durchaus konfliktträchtige Zeit, doch wenn man diese vor allem mit bedingungsloser Liebe gemeistert hat, bildet sich eine neue Eltern-Kind-Beziehung, die von Respekt und Wertschätzung auf gleicher Augenhöhe getragen sein sollte.

Ich habe zwei erwachsene Söhne und bin mittlerweile auch Großvater geworden. Beide Burschen sind beruflich erfolgreich und privat in sehr guten Beziehungen. Sie sind ihren Weg erfolgreich gegangen und ich freue mich, sie ein Stück begleitet und ihnen das eine oder andere mitgegeben zu haben. Meinen väterlichen Rat dränge ich nicht auf, doch freut es mich, wenn sie sich an mich wenden. Seinen eigenen Kindern Mentor zu sein, ist keine einfache Sache, doch ein sehr wertvolles Training für andere, die man mit Erfahrung und Wissen begleiten will.

Als Jäger habe ich schon Dutzende Hirsche und ihr Verhalten in der Gruppe beobachtet. Der Platzhirsch duldet keine Beihirsche um sich herum. Sein Revier markiert er mit seinem Drüsen-Sekret, aber auch mit

Urin. Während der Paarungszeit kommt es zu heftigen Kämpfen mit Rivalen. Der unterlegene Hirsch muss das Feld räumen.

Meine Söhne sind keine Beihirsche, sondern junge Männer, die zunehmend mehr Aufgaben in der Familie übernehmen. Und ich bin kein Hirsch, der sich mit Gewalt als Platzhirsch durchzusetzen versucht, wie es so manches Familienoberhaupt versucht. Ganz im Gegenteil, ich unterstütze meine Söhne und habe gelernt loszulassen, so wie auch mein Vater loslassen konnte und bis zu seinem Tod ein sehr wertvolles und geliebtes Familienmitglied unter unserem Dach gewesen ist.

„Üblicherweise sind die Eltern die ersten Bezugspersonen für ihre Kinder. Deren Verhaltensweisen, Handlungen, Gefühle usw. machen die Welt des Kindes aus, denn es kennt keine andere. Wenn das Kind später im Kindergarten, in der Schule und in anderen Begegnungen seinen Horizont erweitert und andere Welten kennen lernt, beginnt es, seine Ursprungs-Welt und damit auch seine Eltern zu hinterfragen. Diese kritische Sicht der Eltern kumuliert dann in der Pubertät in einer befreienden Revolution, die dem Kind die Selbstständigkeit und den ersten Schritt zum Erwachsenwerden bringt."

Ines Steinkogler-Wolschner

In der Familie bin ich zu Hause

Bis vor kurzem haben drei Generationen in meinem Haus zusammengelebt: mein Vater, meine beiden Söhne, Sibylle und ich. Die Burschen haben eine Familie gegründet und sind ausgezogen und mein Vater ist 91jährig gestorben. Bei seinem Begräbnis haben mir die Tränen meiner Kinder gezeigt, wie eng verbunden sie mit ihrem Opa gewesen sind. Ich habe aber auch gespürt, wie wichtig eine Familie ist.

Seine Familie kann man sich nicht aussuchen, in die wird man hinein geboren. Man blickt in den Anderen wie in einen Teil seines eigenen Gesichtes. Manches mag man, anderes stört einen, doch alles ist Teil von mir.

So wie das gute Betriebsklima für jedes Unternehmen Kraftquelle ist, so wichtig ist es auch, dass das Familienklima stimmt. Zusammenleben ist nicht immer Honiglecken, es gehören auch jede Menge Konflikte dazu. Doch die Qualität des Zusammenhalts erkennt man, wenn man schwierige Situationen gemeinsam durchlebt.

Bei meiner Krebserkrankung habe ich mehr an meine Frau und an meine Kinder als an mich selbst gedacht. Danach war es mir wichtig, dass meine Familie abgesichtert ist. Deshalb habe ich mich entschlossen, angestellter Manager und kein selbstständiger Unternehmer zu werden.

In einer Familie erlebt man auch, wie wichtig Geben und Nehmen ist. Mein Vater war Bezirksgendarmeriekommandant und eine starke Respektsperson. Er ist mit den Jahren älter geworden und ich bin zum Familienoberhaupt geworden. Früher konnte er mir sehr viel geben und als er alt war, habe ich ihm so viel ich konnte zurückgegeben: Zeit, Zuwendung, Gespräche, Unterstützung, Liebe ... Heute frage ich meine Söhne, wenn ich Rat brauche, wenn der Computer nicht funktioniert, wenn ich das Handy nicht einstellen kann oder wenn ich neue Apps runterladen möchte.

Wenn angesichts der finanziellen Engpässe im Staatsbudget der Generationenvertrag in Frage gestellt wird, dann soll man auch da nicht vergessen, dass die ältere Generation in der Vergangenheit durch ihre Arbeit und ihre Abgaben der Gesellschaft viel gegeben hat. Und heute, wenn sie alt ist, hat sie das Recht, zumindest finanzielle Hilfe zurück zu bekommen. Schön wären selbstverständlich auch Respekt, Wertschätzung und Lebensbedingungen, die Würde bis zuletzt zulassen.

„Ich bin durchaus dafür, dass Priester heiraten dürfen,
doch muss neben ihrer Arbeit ausreichend Platz für ihre Familie bleiben."

Burkhard Ellegast

Ich bin im Club Alibi

Als ich ein Jugendlicher war, hat mir meine Großmutter den guten Rat gegeben, drei Freunde zu suchen, die man im Leben immer brauchen kann: einen Arzt, einen Rechtsanwalt und einen Bankdirektor. Damals habe ich davon meinem Freund „Fritschi“ erzählt und wir haben gemeinsam eine Stammtischrunde mit dem Namen „Club Alibi“ gegründet. Hintergrundidee war es natürlich auch, dem einen oder anderen ein Alibi am Stammtisch zu geben.

Das war im Jahr 1976, heute sind außer diesen Dreien ein Schwimmbadbauer, ein Reifenhändler, ein Fleischermeister, ein Masseur, ein Gastwirt, ein Lehrer, ein Psychiater, ein Pfarrer, ein Spediteur, ein Apotheker, ein Fliesenlegermeister, ein Autohändler, ein Rauchfangkehrermeister, ein Politiker, ein Juwelier, ein Installateurmeister und verschiedene Fachärzte Mitglieder unserer Stammtischrunde. Insgesamt haben wir 25 Mitglieder.

Das Spannende an unserem Club ist, dass wir keine Statuten haben. Aufgenommen kann man nur auf Empfehlung und einstimmig werden. Jeder Berufstand ist auch nur einmal vertreten. Es gibt außer der Freundschaft, Loyalität und Solidarität keine anderen Regeln als die, dass wir Spaß haben wollen und die Chemie stimmen muss. Die Aufnahme wird mit Handschlag besiegelt.

Jeden Freitag treffen wir uns in unserem Stammlokal, wir machen gemeinsame Ausflüge und auch Reisen. Wenn das meine Großmutter wüsste.

„Die gegenseitige Wertschätzung, der Gedankenaustausch, das Lernen von einander, die gegenseitige kreative Befruchtung ist ganz wesentlich. Ich lade die einzelnen Sparten der Wirtschaftskammer daher nicht separat ein, sondern ich mische sie untereinander.“

Sonja Zwazl

Näher am Kunden

Der Unternehmensberater Edgar K. Geffroy hat ein Buch geschrieben, das heißt: „Das einzige, was stört, ist der Kunde." Wenn ich Messen besuche, dann habe ich bei so manchen MitarbeiterInnen den Eindruck, dass dieser provokante Titel stimmt. „Kunden, bitte nicht stören!" scheinen sie sich zu denken.

Den Kundenkontakt habe ich ganz besonders geliebt. Menschen sind so vielfältig und doch so einmalig. Die Palette erstreckt sich vom einfachen Arbeiter bis hinauf zu prominenten Persönlichkeiten. Jeder brauchte das Produkt, das seine Bedürfnisse am besten befriedigt. Jeder brauchte individuelle Beratung, Antworten auf seine Fragen und Argumente, um Widerstände zu überwinden.

Jeder Kunde hat aber auch seine eigene Sprache. Aufgrund meiner Kindheit in der Alten Kaserne kann ich mit den einfachsten Menschen gut und verständlich reden. Ich habe aber auch gelernt, mich gut zu benehmen und mit Intellektuellen interessante Konversation zu betreiben. Mit jedem Menschen rede ich so, wie es passend ist. Dabei muss ich mich nicht verstellen, wie dies manche Sportler beim TV-Interview tun, denn ich spreche Niederösterreichisch. Ich könnte auch Hochdeutsch reden, doch spreche ich die Sprache meines Landes, die Sprache, die Bauern ebenso wie Handwerker und DoktorInnen verstehen.

Meinen MitarbeiterInnen habe ich stets erklärt, dass ihr Einkommen nur dadurch gesichert ist, dass die KundInnen ihre Prämien bezahlen. Unzufriedene Kunden kündigen nicht nur Versicherungsverträge, sie erzählen ihren Unmut auch weiter. Negative Mundpropaganda ist die schlechteste Werbung.

Die beste Werbung für mich waren KundInnen, die mich angerufen und private Dinge erzählt haben: den Lehr- oder Schulabschluss der Kinder, Hochzeiten, Urlaubserlebnisse, aber auch Todesnachrichten. Sie hatten Vertrauen und wussten, dass ich für die meisten ihrer Anliegen ein offenes Ohr hatte.

Von meinen KundInnen habe ich auch sehr viel gelernt. Vor allem dann, wenn ein Schadensfall eingetreten ist und sie auf vorbildliche Weise damit umgegangen sind. Wenn man alles verloren oder nach einem Unfall mit dem Leben davon gekommen ist, wenn man behindert bleibt, oder wenn nahestehende Menschen ums Leben gekommen sind, dann ist Charakter gefragt. Den haben mir meine KundInnen immer wieder bewiesen. Und ich liebe meine KundInnen.

„Die echte Entlohnung bekommt man durch den Kunden:
das ist das Glänzen in den Augen."

Sonja Zwazl

SportlerInnen sind besonders teamfähig

Wenn ich Teams zusammengestellt habe, dann war mir die Ausgewogenheit von Männern und Frauen sehr wichtig. Ich bin aber auch davon überzeugt, dass die Mischung aus älteren und erfahrenen MitarbeiterInnen mit Jüngeren beiden sehr gut tut. Die Jungen müssen sich nicht erst den Kopf anrennen und die Älteren können sich als Mentoren profilieren.

Besonders gute Erfahrungen habe ich mit SportlerInnen im Team gemacht, denn das sind Menschen, die ergebnisorientiert sind, die gut sein und gewinnen wollen. Außerdem sind sie hartes Training gewöhnt und wollen auch an sich arbeiten.

SportlerInnen haben auch gelernt, mit Fehlern besser umzugehen. Sie können diese leichter zugeben und sind in der Lage, diese zu analysieren und auszubessern.

Als Sport-Manager habe ich jedem etablierten Spieler einen Jung-Spieler zugeteilt, damit er diesen als Mentor begleitet und unterstützt. Und als Landesdirektor habe ich meinen jüngeren Nachfolger ein Jahr begleitet, um ihm so viel Wissen und Erfahrungen wie möglich von mir mit auf seinen Weg zu geben.

Musiker sind ebenfalls gute Teammitglieder, sofern sie keine SolistInnen sind. Primadonnen und Diven sind für ein Team kaum kompatibel, obwohl sie über besondere Fähigkeiten verfügen. Duos, Trios und Orchestermusiker wissen, wie richtig es klingt, miteinander zu musizieren. Sie wissen aber auch, wie wichtig ein Dirigent ist, der den Takt angibt.

„Ich weiß nicht, ob Ex-SportlerInnen erfolgreicher sind, aber sie sind zu einem Gutteil erfolgreich, weil sie einfach gelernt haben, sich in Systemen zurechtzufinden und mit Regeln zu leben. Sportler sind schon sehr gut, das Beste aus einer Situation zu machen."

Werner Sallomon

Nur ein Bild von mir

„Ist der gute Ruf ruiniert, lebt ´s sich völlig ungeniert", ist eines der von mir nicht geschätzten Sprichwörter, denn hat man seine Reputation verloren, gefährdet man auch den guten Ruf des Unternehmens, dem man verpflichtet ist.

Image ist das Bild, das man in der Öffentlichkeit präsentiert. Das sollte kein Design einer Werbeagentur sein, sondern der authentische Eindruck, den man vermittelt. Es setzt sich aus verschiedenen Eigenschaften zusammen und ist für den Betrachter ein Wissensersatz. Was verbinden Sie mit Jennifer Lopez und was mit Brad Pitt?

Menschen stecken andere Leute gerne in Schubladen, wobei sie meist ein duales Prinzip verfolgen: angstmachend oder sicher, gut oder böse, sympathisch oder unsympathisch, mag ich oder mag ich nicht! Solche Einstellungen sind gefestigt und positiv nur schwer zu beeinflussen. Dafür kann sich durch einen Skandal das gute Bild schnell ins Negative drehen.

Mit allem, was ich täglich mache, präsentiere ich mein Bild in den verschiedenen Öffentlichkeiten. Mit Gedanken, Worten und Werken trage ich aktiv dazu bei, wie ich wahrgenommen werde. „Eigentlich bin ich ganz anders, nur komme ich so selten dazu", schrieb Ödön von Horvat wiederholt in seinen Werken, ich möchte tagtäglich so sein, wie ich bin, mit allem drum und dran.

„Tarnung und Täuschung sind schon im Tierreich eine wichtige Überlebensstrategie. Sich aufplustern, groß machen, Attrappen aufstellen, um die Streitmacht größer erscheinen zu lassen, sind legitime Strategien, um den Feind in die Flucht zu schlagen, das Gegenüber zu beeindrucken und erfolgreich zu sein. Manchmal ist es auch günstig zu verharmlosen, wie der „Wolf im Schafspelz" zeigt. Der Schein ist oft hilfreich beim Erreichen von Zielen. Gerne empören wir uns moralisch darüber, aber ich glaube, der Schein ist ein legitimes Mittel, um im Leben weiter zu kommen und erfolgreich zu sein. Wichtig dabei ist allerdings, dass ich mir bewusst bin, wann und wo ich ihn als Strategie einsetze und ob ich anderen damit schade."

Ines Steinkogler-Wolschner

Miteinander reden verbindet

Niederösterreichs Alt-Landeshauptmann Siegfried Ludwig hat vor Jahren ein Buch mit dem Titel „Durch´s Reden kommen die Leut´ z´samm" herausgegeben. Politiker wissen, wie wichtig das Gespräch mit Menschen ist. Und als Landesdirektor war eine meiner Hauptaufgaben die Kommunikation. Teilen, mitteilen, gemeinsam machen – Kommunikation ist keine Einbahnstraße, sondern immer ein Dialog.

Bevor man redet, sollte man gut zuhören, um zu wissen, worum es geht: Was ist das Anliegen? Was versteckt sich womöglich dahinter? Was sind die Erwartungen? Was sind die Bedürfnisse? Was sind die Fragen, auf die eine Antwort erwartet wird?

Es gibt Menschen, die glauben, zu allem und jedem etwas sagen zu müssen. Menschen wie Niki Lauda oder Boris Becker ist gar kein Vorwurf zu machen, werden sie doch von den Medien zu allem und jedem befragt. Nur im Gespräch bleiben, scheint ihre Devise zu sein.

Menschen, die wirklich etwas zu sagen haben, haben auch keine Angst, „das weiß ich nicht" zu sagen, wenn sie keine Antwort haben oder wenn die Frage ihr Spezialgebiet verlässt.

Oft wurde ich von MitarbeiterInnen um Rat gebeten. Wenn ich mich bei einem Thema auskenne, dann gebe ich mein Wissen weiter. Wenn ich keine Antwort habe, dann sage ich das auch, doch höre ich gerne zu. Ich habe die Erfahrung gemacht, dass das Dasein und Zuhören oft schon genug gewesen ist. Sich die Probleme von der Seele zu reden, ist oft der erste Schritt zur Lösung.

Miteinander reden besteht aus wechselseitigem Senden und Empfangen. Dabei ist stets die Situation zu berücksichtigen: Handelt es sich um ein Gespräch auf gleicher Augenhöhe oder um die Anweisung durch einen Vorgesetzten? Ist das Reden der Zweck oder das Finden einer Lösung? Soll es zum Gedankenaustausch oder zu einem Disput kommen? Will jemand seinen Standpunkt unbedingt durchsetzen oder ist er am anderen interessiert?

Oft habe ich mich auch gefragt, ob ich das Gespräch überhaupt führen will, ob ich es als für mich sinnvoll betrachte, oder ob es eine unnötige Belastung darstellt. War das der Fall, dann habe ich mich lieber freundlich verabschiedet und geschwiegen.

„Man muss immer wieder auf sich selbst hinhören und sich nichts einreden."

BURKHARD ELLEGAST

Willst du mein Feedback hören?

Für mich ist eine wichtige Aufgabe eines Mentors, einem anderen Feedback zu geben – und das in angemessener Form. Der eine ist Schüler, der andere der Meister, da sind Geduld, Nachsicht, Einfühlungsvermögen, Respekt und Wertschätzung gefragt.

Negative Kritik ist kein Feedback, sondern im schlechtesten Fall ein „Anschiss", der mehr schadet, als nützt. „Darf ich Dir Feedback geben?", ist eine Einleitung, die von Anfang an klärt, ob meine Meinung überhaupt gefragt ist. Eine Zwangsbeglückung wäre auch negativ.

Lob und Anerkennung des Guten sind eine passende Einleitung, die nicht nur für ein gutes Gesprächsklima sorgt, sondern auch das Gute hervorhebt. Wer nach dem Lob jedoch ein „aber" dranhängt, macht alles wieder zunichte.

Danach kommt die kritische Passage, in der man mitteilt, wo Verbesserungspotenzial besteht. Das sollte man nicht allgemein, sondern möglichst konkret formulieren, damit die Situation klar vor Augen gerufen wird. Es sollte nicht um den persönlichen Geschmack gehen, sondern um konkrete Verbesserungsmöglichkeiten, die als Alternativen angeboten werden: „Man könnte das vielleicht so ..., so ... oder so ... machen." Schön ist es, wenn die Kreativität des anderen gefördert wird: „... oder hast du eine andere Idee?"

Den Abschluss sollte wieder ein Kompliment machen, bei dem man zum Beispiel die Fähigkeiten lobt, sich auf Neues einzulassen, Verbesserungen anzunehmen oder eigene Ideen für Lösungen zu finden.

Ich habe gelernt, dass ich das beste Feedback von Menschen annehmen konnte, die authentisch aufgetreten sind, die mir das Gefühl gegeben haben, dass ich ihnen wichtig bin, und die an mich und meine Fähigkeiten geglaubt haben. Genau so habe ich mich bemüht, meinen MitarbeiterInnen zu begegnen.

„Positives Feedback soll kein Schönreden sein. Es sollen positive Punkte gelobt und anerkannt werden, defizitäre und unbefriedigende Bereiche sollen als entwicklungsfähig und kreativ förderungswürdig in den Fokus gestellt werden, wobei dem Vertrauen, dass dies bewältigt werden kann,
Ausdruck gegeben werden soll."

INES STEINKOGLER-WOLSCHNER

Streiten gehört dazu – nur wie?

Wer engagiert arbeitet, der reibt sich auch mit anderen. Zum Wettbewerb gehört auch die Auseinandersetzung. Ich halte nichts davon, wenn Streitigkeiten nach außen hin versteckt und hinterrücks als Gerüchte und Intrigen ausgelebt werden. Jeder offene Streit ist mir lieber als ein schwelender Konflikt.

Wertschätzende Kommunikation verzichtet auf Beleidigungen und Verletzungen, sondern konzentriert sich auf Ich-Botschaften. Ich möchte dem anderen vermitteln, weshalb ich mich ärgere. Die Lösung besteht dabei aus vier Schritten:

- Ich schildere sachlich, wie ich die Konfliktsituation wahrnehme und verzichte dabei auf subjektive Bewertungen.
- Ich achte auf meine Gefühle und versuche, diese dem anderen zu beschreiben.
- Ich bin mir meiner Bedürfnisse bewusst und auch in der Lage, diese dem anderen zu vermitteln.
- Zuletzt formuliere ich eine Bitte oder einen Wunsch, der aus meiner Sicht zur Verbesserung des Konfliktes beitragen kann. Dabei muss mir klar sein, dass dieser Wunsch auch abgelehnt werden kann.

Ich sah und sehe immer wieder Vorgesetzte, die ihre MitarbeiterInnen anschreien oder unter Druck setzen. Das macht Menschen Angst und hindert sie daran, ihr volles Potenzial zu entwickeln. Chef und MitarbeiterInnen haben doch das Ziel, gute Leistung zu erbringen und erfolgreich zu sein, deshalb bitte ich Chefs, die dazu neigen, sich wie beschrieben zu verhalten, durchzuatmen, das emotionale Gespräch eine Viertelstunde später zu führen und dabei ruhig zu bleiben. Das Ergebnis wird den Aufwand lohnen.

So gut wie heute konnte ich Konflikte früher nicht austragen. Wollte jemand unbedingt Streit mit mir, konnte er diesen auch haben. Wie man kämpft und wie man sich durchsetzt, habe ich schon früh gelernt und ich wusste, welchen Knopf und welche Taste ich beim anderen drücken musste, um zu gewinnen. Ganz automatisch habe ich Schwachstellen gescreent, oft schon, bevor es überhaupt zum Streit gekommen ist. Dieses Verhalten war grauslich von mir, und viele solcher Streitigkeiten bereue ich heute sehr.

„Wichtig ist, das Ziel einer Auseinandersetzung im Auge zu behalten. Was will ich mit der Diskussion erreichen? Weiters ist es hilfreich, drei Mal durchzuatmen und sich auf eine Metaebene zu begeben, um Distanz zum emotionalen Geschehen zu gewinnen.“

Ines Steinkogler-Wolschner

Bei Kleinigkeiten großzügig sein

Zwei Männer haben sich einst darum gestritten, wie ein Laib Brot am gerechtesten zu teilen sei. Der weise Salomon riet, dass der eine das Brot bricht und der andere die erste Hälfte wählt.

Wer kompromisslos durchs Leben geht, rennt andere entweder rücksichtslos nieder, wer zu kompromissbereit ist, gibt sich mit dem Durchschnitt zufrieden. Beides ist aus meiner Sicht nicht richtig.

Wenn ein Kompromiss darin besteht, dass beide Seiten schlechte Lösungen bekommen, dann bin ich ein entschiedener Gegner davon. Ist eine Win-Win-Situation möglich, dann haben beide Partner einen Vorteil.

Bei Verhandlungen geht es immer um die Grundhaltung der Partner: Wollen sie eine gemeinsame Lösung oder soll es Sieger und Verlierer geben. Wo ein guter Wille ist, ist auch die Lösung nicht weit.

Oft gibt es neben der Sachebene auch Schwierigkeiten auf der persönlichen Ebene. Kommen Menschen zusammen, dann „menschelt" es. Als Verhandler habe ich mich allerdings bemüht, den möglichen Verhandlungserfolg zu sehen und zwischenmenschlichen Störungen tolerant zu begegnen. Auch wenn der andere versucht hat, mich persönlich zu treffen, lag es immer an mir, betroffen zu reagieren oder aufgrund meiner Einstellung geschickt auszuweichen. Doch wenn es um Kleinigkeiten ging, war ich immer sehr großzügig. Ein Gedicht hat mir dabei geholfen:

„Ein Mensch erblickt das Licht der Welt – doch oft hat sich herausgestellt nach manch trüb verbrachtem Jahr, dass das der einzige Lichtblick war."

EUGEN ROTH

Bis hier her und nicht weiter!

In unserem Kulturkreis ist es üblich, dass sich Menschen im gesellschaftlichen Kontakt bis auf Armlänge begegnen. Was näher ist, dringt in die Intimsphäre ein und wird als unangenehm empfunden.

Wenn man jemanden nicht so mag, dann vergrößert man automatisch den Abstand. Es gibt auch den Respektabstand zwischen Vorgesetzten und Untergebenen.

Unabhängig von gesellschaftlichen Konventionen gibt es meine persönliche Grenzen, die mir stets bewusst sein sollten. Diese können körperlich, aber auch mental sein.

Doch wo sind meine Grenzen? Wer sich dieser nicht bewusst ist, der wird sie auch nicht schützen können. Grenzüberschreitungen werden dann zur Selbstverständlichkeit, die wiederum zum Leidensdruck führen.

Meine Grenzen mache ich mir bewusst, indem ich zunächst ein- und ausatme. Ich lege eine Hand auf meine Brust, vor meinem Herzen, und die andere auf den Bauch, auf mein Energiezentrum. Dann schiebe ich die Arme nach vor und fühle nach, wo sich die Grenze befindet. So entdecke ich meine Komfortzone. Ich atme in diesen Raum hinein und stärke mich so. Niemand kann meine Grenzen überschreiten. Bis hier her und nicht weiter!

„Man muss manchmal Nein sagen können,
weil man sonst über seine Kräfte hinaus geht
und dann vielleicht sogar nicht so gut bei der Sache ist,
wie man glaubt."

Burkhard Ellegast

Orientierung auf Etappen meines Weges

In einem Notizbuch führe ich eine Liste mit den Namen von Menschen, die mir wichtig gewesen sind, die Vorbilder sind, denen ich viel zu verdanken habe, die es gut mit mir gemeint haben. Mit Freude denke ich daran, was ich alles von ihnen lernen durfte.

Meine Vorbilder sind sehr verschieden, Männer, Frauen, Alte, Junge, Lebende und Tote. Meine ersten Vorbilder waren Mitglieder meiner Familie, die Großeltern, einige Onkeln, mein Vater. Später dann sind Vorgesetzte, KollegInnen und faire Mitbewerber dazu gekommen. Die meisten habe ich persönlich kennengelernt, doch gibt es auch Menschen, die mir aufgrund ihrer Bücher oder ihrer Biografie zum Vorbild geworden sind.

Jede meiner Lebensphasen hatte andere Leitbilder, an denen ich mich orientiert habe, Menschen, die mir gezeigt haben, wie und wo es langgeht. Das Leben ist für mich mit einem Schiff auf hoher See vergleichbar. Man braucht Lotsen und Leuchttürme, um auf Kurs zu bleiben. Haben wir eine Klippe mit Hilfe eines Leitbildes erfolgreich umschifft, bedanken wir uns für die Unterstützung und suchen nach neuer Orientierung.

Als ich jung war, hatte ich das Glück, dass Menschen an mich und meine Fähigkeiten geglaubt haben. Sie haben mir ihr Wissen und ihre Erfahrungen weitergegeben, sodass mir manches leichter gefallen ist. Dankbar habe ich ihre Geschenke angenommen.

Heute, mit 63 Jahren, verfüge ich über langjährige berufliche und menschliche Erfahrung. Aus meiner Sicht handelt es sich um wertvolles Kapital, das ich jungen Menschen weitergeben will, damit es sich gut verzinst und nicht verloren geht.

Ich verstehe UnternehmerInnen nicht, die auf erfahrene MitarbeiterInnen verzichten und diese kündigen. Damit schwächen sie das Unternehmen und berauben die Jungen um die Möglichkeit zu lernen. Ich verstehe aber auch pensionierte MitarbeiterInnen nicht, die kein Interesse daran haben, Ihre Erfahrungen als Mentoren weiterzugeben.

Wie definiere ich die Rolle des Mentors? Als Gesprächspartner, als Erzähler, als Ratgeber, als Nachschlagewerk, als Beistand, als Mensch, der an den anderen glaubt, als Trainer, als Lehrer, als Stütze, als Hilfe, als Sparringpartner, als Reibebaum, als Partner, als Freund, als Mensch – als Geländer, an dem man sich anhalten kann.

Viele solcher Menschen habe ich getroffen, viele haben mich ein Stück meines Weges begleitet. Für dieses Buch habe ich mit einigen Gespräche geführt, um meine Ansichten zu hinterfragen und auch neue Perspektiven zu erhalten. Vielen Dank, dass Ihr mich auch bei diesem Projekt begleitet habt.

„Man braucht Menschen,
die Vorbilder sind aufgrund ihrer Menschlichkeit."

BURKHARD ELLEGAST

… singen, loben, preisen den Herrn

Helmut Maurer war 47 Jahre in der Versicherungsbranche tätig, heute ist er Pensionist und Mentor.

Woran ich glaube

Ich habe noch ein anderes Lieblingsgedicht von Eugen Roth:

Ein Mensch denkt logisch, Schritt für Schritt.
Jedoch, er kommt nicht weit damit.
Ein andrer Mensch ist besser dran:
Er fängt ganz schlicht zu glauben an.
Im Staube bleibt Verstand oft liegen –
Der Glaube aber kann auch fliegen!

Ich glaube an Gott, an eine höhere Macht, an eine Energie, die sich unseren naturwissenschaftlichen Messversuchen zu entziehen vermag. Ich glaube daran, weil ich sie in meinem Leben wiederholt erlebt habe. Dabei handelt es sich um kein Wesen mit langem, weißem Bart, sondern um eine positive Energie, für oder wider die ich mich entscheiden kann. Es liegt an mir, glücklich und erfolgreich zu leben, oder unter meinem Unglück zu leiden.

Positives Denken ist eine schier unerschöpfliche Kraft, mit der man auch die schwierigsten Bewährungsproben erfolgreich bewältigen kann. Es gab Zeiten in meinem Leben, da habe ich sie weder gekannt noch gelebt. Mein Körper und meine Seele waren krank, doch erst durch meinen Hautkrebs habe ich erkannt, dass ich etwas besser machen muss, um zu überleben.

Ich weiß nicht, ob es notwendig ist, sein Leben zu ändern, ich denke viel mehr, dass sich alles ändern würde, wenn man sein Leben bewusst lebt und seine positiven Energien nützt.

Gut und glücklich zu leben ist nicht einigen wenigen Privilegierten vergönnt, sondern jedem Menschen. Wir alle sind mit der Fähigkeit zum Optimismus auf die Welt gekommen. Diese Talente müssen allerdings trainiert und bestärkt werden. Wir brauchen Menschen, die an uns glauben und die uns dabei unterstützen. Wir brauchen Zeit, um uns mit uns und unseren Bedürfnissen zu beschäftigen. Wir brauchen andere, die uns auf wertschätzende Weise wertvolles Feedback geben. Wir brauchen das Vertrauen in uns und andere und die Überzeugung, dass alles gut wird, wenn es besser wird.

Positiv Denken wird oft mit Schönreden verwechselt. Das will ich nicht, denn ich weiß, dass nicht alles gut und schön ist. Ich weiß, dass es Menschen gibt, die vom Leben besonders geprüft werden, und ich weiß, dass nicht alle Menschen gleich gute Voraussetzungen haben. Ich weiß aber auch, dass wir Champions in unserer persönlichen Liga werden können, MeisterInnen unseres eigenen Lebens.

Wenn wir wissen, wer wir sind und was wir wollen, dann werden wir uns auch realistische Ziele stecken und alles unternehmen, um diese zu erreichen. Wer sich zu viel vornimmt, wird wahrscheinlich scheitern oder gar verlieren. Niemand verliert gerne, deshalb ist es wichtig, dass wir die Klasse finden, in der wir uns am besten durchsetzen und Erfolg haben können. Ich wollte glücklich und erfolgreich sein und heute bin ich glücklich und erfolgreich.

„Glauben ist für mich der Boden, auf dem ich stehe.
Er ist Kraftquelle, um mein Leben mit all seinem Auf und Ab zu meistern.
Glauben ist für mich auch die Freude, auf einen liebenden Gott
meine Hoffnung setzen zu können.
Und er ist letzter und tiefster Sinn meines Lebens."

BURKHARD ELLEGAST

Ich bin ein Original

Ich bin mehr als nur mein Körper. Früher war ich Sportler und topfit, heute bin ich noch immer – für mein Alter – gut in Form. Ich weiß aber auch, dass mein Körper älter geworden ist, dass mir manches schwerer fällt und dass ich anderes besser sein lassen sollte. Mein Körper wird älter, doch ich fühle mich jung.

Ich hatte eine lebensbedrohliche Krankheit und wusste, dass meine Haut Krebs hatte, doch ich selbst war nicht der Krebs. Aus meiner Sicht ist es in solchen Situationen wichtig, sich nicht mit der Situation zu identifizieren, sondern sich als MeisterIn der Situation zu sehen, d.h. ein Teil meines Körpers hat Krebs, aber ich bin nicht der Krebs. Heute, als Geheilter, kann ich sagen, dass ich froh darüber bin, diese Erfahrung gemacht zu haben, denn mein Leben wurde dadurch lebenswerter, schöner und auch glücklicher.

Um glücklich und erfolgreich zu sein, darf man nicht nur davon träumen und Ziele formulieren, sondern man muss auch etwas Konkretes dafür tun. Indem ich an mir und meiner Einstellung arbeite, mich mit dem positiven Ziel identifiziere und eins mit ihm werde, werde ich auch – bewusst oder unbewusst – alles tun, um dort hin zu kommen. Mit den richtigen Gedanken, Worten und Werken werde ich das Ziel erreichen.

Ich kann nur erfolgreich sein, wenn ich weiß, wer ich bin und was ich will. Was macht mich so unverwechselbar? Was macht mich zum Original? Ich wollte niemals jemand anderer sein – außer vielleicht in meiner Jugendzeit, als ich Idolen nacheiferte. Als ich mich gefunden hatte, fand ich auch das Potenzial, das mich selbst ausmacht.

„Vorbilder sind dadurch charakterisiert,
dass ihr Leben und ihre Rede authentisch sind,
dass zusammenstimmt, wie sie leben und was sie sagen
und wie sie einfach sind. Das ist ganz wichtig!"

BURKHARD ELLEGAST

Ich rede Niederösterreichisch

Ich rede nicht, wie mir der Schnabel gewachsen ist, sondern so, wie es am besten zu mir passt. Ich bin Niederösterreicher und liebe meine Heimat, deshalb spreche ich Niederösterreichisch. Ich erwähne das nochmals, weil es mir wichtig ist, darauf hinzuweisen, den vorzugeben, der man ist. Ich will mich nicht verstellen, das wäre mir auch viel zu anstrengend.

Herumgerede mag ich nicht, ich bin ein Mann der klaren Worte – auch wenn sie nicht immer diplomatisch sind, sind sie ehrlich gemeint. Was gesagt werden muss, das sage ich. Manchmal zu direkt, manchmal zu offen, manchmal zu ehrlich.

Worte können eine gefährliche Waffe sein, sie können verletzen, beleidigen, kränken, demütigen, vernichten. Worte können aber auch das Gegenteil bewirken: loben, anerkennen, schmeicheln, motivieren ... Oft sind es gar nicht die Worte selbst, sondern der Ton, der die Musik ausmacht. Es liegt in unserer Verantwortung zu entscheiden, welche Melodie wir anstimmen: Liebeslied oder Donnerhagel?

Worte dienen auch dazu, Informationen, Wissen und Erfahrungen weiterzugeben. Ich glaube, dass ich etwas zu sagen habe, drum schau mir auf die Lippen und hör mir zu.

„Ich hasse es, wenn mir jemand auf die Schultern klopft und sagt,
ich sei gut gewesen, und ich weiß, dass ich nicht gut war.
Da könnte ich diesen Menschen „erwürgen". Diese Schleimerei halte ich nicht aus,
das ist für mich eine große Beleidigung."

Sonja Zwazl

Vom Haben, Schein und Sein

Wir leben in einer Leistungsgesellschaft, wir leben in einer Konsumgesellschaft. Menschen definieren sich sehr oft durch ihren Besitz: Haus, Auto, Geld. Dazu gehört auch die Position im Leben, in der Firma, in der Gesellschaft. In unserer Gesellschaft gewinnt der Schein zunehmend an Bedeutung. Das Image wird von Agenturen kreiert, im Fernsehen wimmelt es von Programmen, die sich Top-Models, Schönheitsoperationen, Glanz und Glamour widmen.

Dabei wird auf das Pure, auf das Echte, auf das Beständige, auf das Wert- und Sinnvolle vergessen: auf das, was man ist: das Selbst.

Wenn man mit einer schweren Krankheit konfrontiert wird, verliert materieller Besitz schlagartig an Bedeutung – außer zur Absicherung der Hinterbliebenen. Ins Grab können wir uns nichts davon mitnehmen. Wenn man schwere Medikamente nehmen muss oder eine Chemotherapie erhält, geht es ums Überleben und nicht um die Schönheit. Worauf werde ich am Ende meines Lebens zurückgeworfen? Auf mich selbst! Wehe dem, für den das Zitat aus Goethes Faust gilt: „Heinrich, mir graut vor dir!"

Wie viel Lebenszeit investieren wir, Dinge haben zu wollen, die wir eigentlich gar nicht brauchen? Wie viel Zeit tun wir so, als wären wir jemand anderer, jemand besserer? Und wie wenig Zeit nehmen wir uns für uns selbst? Nimm dir Zeit – jetzt!

„Vordergründig setzen wir das Sein in den Gegensatz zum Haben. Doch das wahre Sein, glaube ich, wird erfahrbar in der mystischen Ekstase oder in der buddhistischen Erleuchtung, wenn die Grenze aus der dualen Welt in eine andere Dimension überschritten wird."

INES STEINKOGLER-WOLSCHNER

Meine Quelle, die beständig fließt

Woher komme ich? So viele Menschen haben über diese Frage schon nachgedacht. Wo ist meine Quelle, wo ist mein Ursprung? Von meinen Eltern wurde ich gezeugt, von meiner Mutter wurde ich geboren, doch davor haben Generationen von Vorfahren gelebt, mit denen ich allen verbunden bin. Wer war der erste meiner Ahnenreihe? Wann hat er gelebt?

Über maximal sechs Stationen – oder sechs Ecken – ist jeder Mensch auf Erden mit seinen Mitmenschen verbunden. So nah ist uns der Nächste, den man lieben sollte wie sich selbst – nicht mehr, aber auch nicht weniger.

„Im Anfang war das Wort und das Wort war bei Gott und Gott war das Wort", so beginnt das Johannes-Evangelium. Gott als Quelle des Lebens, die Antithese zur Urknalltheorie und zur Evolutionslehre. Wurde der Mensch von Gott geschaffen oder hat sich der Mensch Gott geschaffen? Brauchen wir Gott oder ist Gott tot?

Die verschiedensten Studien belegen, dass gläubige Menschen gesünder und länger leben und außerdem glücklicher sind, weil sie ihrem Leben mehr Sinn geben. Dabei ist es egal, welcher Religion sie angehören. Und wenn man die verschiedenen Lehren vergleicht, dann geht es doch darum, sich selbst und anderen kein Leid zuzufügen und gut miteinander auszukommen.

Mein Glaube ist eng mit der katholischen Kirche verbunden, doch habe ich mich intensiv mit anderen Religionen beschäftigt und so manches gefunden, das ich davon gerne übernommen habe. Bestärkt wurde ich durch das Buch von Norman Vincent Peale: „Die Kraft positiven Denkens". Positiv denken und der Glaube sind eine für mich unschlagbare Kombination.

Gott ist mein Begleiter, mein Gesprächspartner, mein Helfer, mein Kraftspender, mein Tröster, meine Quelle. Doch wenn ich nichts dazu beitrage, kann er mir auch nicht helfen. Es liegt an mir, mit positiven oder negativen Gedanken durchs Leben zu gehen. Es liegt an mir, positives oder negatives Karma durch meine guten oder schlechten Taten anzuhäufen. Beides probiert, kein Vergleich ... Wenn ich einen Lottogewinn anstrebe, bei dem mir Gott helfen soll, dann muss ich auch den Lottoschein ausfüllen.

„Für mich ist – logischerweise – die Heilige Schrift die Quelle.
Für mich ist das Beten sicher eine Quelle, aber auch der Versuch,
aus dem Glauben heraus zu leben."

BURKHARD ELLEGAST

Alles hat seinen Sinn

Früher habe ich oft mit dem Schicksal gehadert, so manches als sinnlos angesehen und auch mit dem lieben Gott geschimpft, weil er so viel Schlechtes zulässt. Im Laufe der Jahre habe ich allerdings erkannt, dass alles seinen Sinn hat, dass auch negative Ereignisse – oder gerade solche – das größte Lern- und Wachstumspotenzial beinhaltet haben.

Was wäre aus mir geworden, wenn ich maturiert und anschließend studiert hätte? Wahrscheinlich kein Landesdirektor in der Versicherungsbranche. Was wäre geschehen, wenn ich keinen Hautkrebs bekommen hätte? Wahrscheinlich hätte ich wie bisher weitergelebt und wäre an meinem verschlammten inneren Haus erstickt.

Als Versicherer habe ich sehr viele Menschen getroffen, die auch in schlimmsten Situationen einen Sinn erkannt haben. Ein Vater hat seine Frau und die zwei kleinen Kinder bei einem Unfall verloren. Er hat sogar doppelten Sinn erkannt: Alle drei waren sofort tot, mussten also nicht leiden. Und: die Mutter begleitet die beiden Kinder.

Für mich ist der Sinn meines Lebens, mir und meiner Quelle möglichst nahe zu kommen, das Leben in seiner Schönheit und Vielfalt zu genießen, ohne dabei anderen zur Last zu fallen, Menschen zu helfen und Menschen zu begleiten – als Mann, als Vater, als Kollege, als Vorgesetzter, als Freund und als Mentor.

„Die Frage nach dem Sinn ist dem Menschen immanent und wurde und wird daher auch in allen Kulturen, Religionen, Philosophien immer wieder gestellt. Es gibt Menschen, die sich die Frage nach dem Sinn nicht stellen, für die macht sie keinen Sinn. Den meisten Menschen stellt sich im Laufe ihres Lebens diese Frage. Für die macht die Frage nach dem Sinn einen Sinn."

Ines Steinkogler-Wolschner

Wie wirklich ist die Wirklichkeit?

Wir nehmen unsere Umwelt mit unseren fünf Sinnen wahr, wir sehen, hören, riechen, schmecken und wir fühlen. Hinzu kommt unser sechster Sinn: die Intuition. Ich vertraue meinem Bauchgefühl.

Wenn wir glauben, dass wir mit diesen Sinnen die Realität wahrnehmen, so täuschen wir uns, denn unsere Sinne sind sehr beschränkt. Manche Tiere hören besser, andere sehen besser, viele riechen besser, gegen den tierischen Instinkt haben wir sowieso keine Chance. Wir können uns nur bemühen, die Wirklichkeit so gut wie möglich zu erfassen.

Jesus sagte zu Thomas: „Ich bin der Weg und die Wahrheit und das Leben; niemand kommt zum Vater außer durch mich." Gott gehört die Wahrheit, und wenn man nicht an ihn glaubt, so kann man sich doch eine objektive Wahrheit vorstellen, die sich unseren beschränkten Sinnen allerdings entzieht.

Jeder schafft sich seine individuellen Wirklichkeitskonstruktionen. Unsere Wünsche und Sehnsüchte, unsere Haltung und die Werte, unsere Erziehung und die Erfahrungen ... all das bestimmt unsere Sicht der Wirklichkeit. Keine deckt sich mit einer anderen, deshalb ist es so wichtig, sich darüber abzustimmen, was uns verbindet und was uns trennt. In den 80er Jahren gab es einen passenden Werbespruch: „In Wirklichkeit ist die Wirklichkeit nicht wirklich wirklich, aber wirklich ist sie doch."

„Die Wahrheit ist für mich letztlich Er, das ist für mich Gott. Er ist der einzige, der die Wahrheit hat. Und wenn der Bischof erklärt, er hat die Wahrheit, dann hat er sie nicht. Die kann er nicht haben! Er kann einer sein, der versucht, die Wahrheit zu vermitteln, wie er sie sieht, das kann er sagen. Aber die Wahrheit ist für mich nur Gott."

Burkhard Ellegast

Kannst du es mit deinem Gewissen vereinbaren?

Im Laufe des Lebensweges kommt man an Kreuzungen, an denen man sich entscheiden muss. Als Jugendlicher in der Alten Kaserne spielte ich mit Burschen, die danach eine verbrecherische Karriere eingeschlagen haben. Wäre ich damals falsch abgebogen, hätte ich vielleicht das gleiche Schicksal gehabt. Bei mir gab es allerdings eine innere Stimme, die sich dagegen entschieden hat: mein Gewissen.

Diese innere Stimme hat verschiedene Stimmen und Gesichter. Manchmal ist es meine Oma, manchmal die Mutter, sehr oft der Vater, und je älter ich wurde, desto häufiger bin ich es, der mir etwas zuflüstert.

Mein Gewissen verbindet mich mit meiner Quelle, es ist der Maßstab meines Handelns und der Sukkus meiner Werte. Würde ich dagegen handeln, würde ich mich schlecht fühlen. Mein Bauchgefühl hätte etwas dagegen.

Bin ich allerdings reinen Gewissens, dann ist das ein Zustand höchsten Wohlbefindens und größten Glücks.

Als Führungskraft musste ich oft Entscheidungen treffen und dabei unterschiedlichste Interessen abwägen. In solch schweren Momenten war mein Gewissen der beste Ratgeber, dem ich am meisten vertraut habe.

„Man mag vieles von dem nicht, was uns das Gewissen sagt,
und dagegen wehren wir uns. Auch durch das Umfeld und durch die Menschen,
die versuchen, einem etwas einzureden, wird das Gewissen verbildet.
Für mich ist eine Kontrolle des Gewissens das Evangelium, die Botschaft,
die Jesus Christus ausrichtet. Letzte Instanz ist aber immer das,
was ich selbst spüre."

Burkhard Ellegast

Ich rede mit Gott

Ich spreche zu Gott, ich rede mit Gott – und Gott redet mit mir. Ich bin nicht allein, denn Gott hilft mir. Das öffentlich zu sagen war anfangs nicht leicht in einer säkularisierten Welt, doch seitdem ich das mache, geht es mir besser. Und den Menschen, mit denen ich über Gott rede, geht es auch besser.

Nein, ich bin kein Frömmler, gehe nicht regelmäßig in die Kirche und kritisiere viele kirchenpolitische Entscheidungen. Für mich ist das Gebet Ausdruck der gelebten Spiritualität. Und Spiritualität ist für mich die höchste Stufe der verschiedenen Entwicklungslinien.

Man kann Gebet auch als die Schulung und Übung von meditativen Zuständen verstehen, die zu einem schnelleren Durchlaufen der verschiedenen Entwicklungsstufen führen.

Im Gebet beschäftige ich mich mit den Sinn- und Wertfragen des Daseins, mit der Welt, den Mitmenschen, der eigenen Existenz und der Selbstverwirklichung im Leben. Gott – ein Begriff für eine höhere Macht – ist dabei Orientierung, die mir bei der Lebensgestaltung hilft und mich Mitgefühl, Großzügigkeit, Toleranz, Ehrfurcht, Dankbarkeit, Demut, Gleichmut und vieles mehr lehrt. All das kann ich unter dem Begriff Achtsamkeit vereinen.

Im Talmud steht ein sehr weiser Spruch: „Achte auf Deine Gedanken, denn sie werden zu Worten. Achte auf Deine Worte, denn sie werden zu Handlungen. Achte auf Deine Handlungen, denn sie werden zu Gewohnheiten. Achte auf Deine Gewohnheiten, denn sie werden Dein Charakter. Achte auf Deinen Charakter, denn er wird Dein Schicksal."

Beten ist für mich eine tägliche Gewohnheit geworden. Manchmal ist es ein klassisches Gebet, dann wieder ein Zitat oder Sätze aus einem Buch, doch tagtäglich ziehe ich am Abend vor dem Schlafen ein Resümee des Tages. Ich bedanke mich für alles Gute, sehe, was ich geleistet habe, bin nachsichtig für das, was ich nicht oder schlecht gemacht habe, und schreibe all das in ein Erinnerungsbuch, was mir wichtig ist, das ich aber während der Nacht nicht brauche. Durch dieses Gebet finde ich meine innere Ruhe. Und wenn ich einmal sterbe, so hoffe ich, dass ich durch das Gebet auch meinen Frieden finden werde.

„Beten ist nicht etwas, das der liebe Gott braucht, um zufrieden zu sein, sondern etwas, das der Mensch braucht, das ich brauche.“

BURKHARD ELLEGAST

Wo ich Kraft und Energie tanke

Ich kann in jedem Auto schlafen, mir gelingt es, überall zu beten und es tut mir gut, dann, wenn ich es brauche, Kraftplätze aufzusuchen, wo ich neue Energie tanken kann. Die Waldandacht, die Kirschen-Allee, das Stift Klosterneuburg, das Café im Rehabilitationszentrum Weißer Hof, die Basilika in Mariazell, die Jagd in der Walster ... all das sind Orte, wo ich durchatmen, ganz mit mir selbst sein und meinen Frieden finden kann. Die Natur gibt mir Kraft. Wenn ich sie spüre und rieche, mit allem drum und dran erleben kann, dann blühe ich auf, dann tanke ich Energie.

Wir leben heute in einer sehr lauten, sehr hektischen, sehr reizüberfluteten Zeit. Für manche sind Ruhe und Stille unerträglich. Für mich sind ruhige, stille Orte wertvolle Energiequellen, an denen man auf sich selbst zurückgeworfen ist. Seinen Herzschlag hören, das Grummeln des Magens, den Atem bewusst wahrnehmen, den Körper fühlen, ganz hier und jetzt und mit seiner Umgebung verbunden sein.

Gotteshäuser waren und sind für Menschen der verschiedenen Religionen wertvolle Zufluchtsorte – auch bei seelischer und physischer Gefahr. Es ist interessant zu beobachten, dass zum Beispiel bei Erdbeben die Kirchen oft stehen bleiben. Alte Kirchen stehen meist – so wie auch alte Bauernhöfe – an besonderen Energieplätzen. Damit beschäftigt sich auch Feng Shui, die Lehre, welche die Geister des Wassers und der Luft wohlgesonnen stimmen will.

Wenn ich bei meinen Kraftplätzen meditiert und gebetet habe, dann spüre ich, wie Körper, Geist und Seele mit jedem Atemzug neue Kraft tanken. Ich fühle mich danach erfrischt und ausgeruht, kräftig und voller Tatendrang. So mancher Kurzurlaub in einer Therme hat mir nicht so viel Energie gegeben, wie eine halbe Stunde an einem meiner Kraftplätze.

„Kraftplätze sind Orte, wo ich durchatmen kann, wo man aufatmen kann, wo man auftanken kann."

BURKHARD ELLEGAST

Ich bin ein glücklicher Mann

Glück ist kein Zufall, es entsteht vielmehr durch die Kraft des positiven Denkens. Psychologen definieren Glück als eine starke positive Emotion, als einen Zustand intensiver Zufriedenheit. Neurowissenschafter haben erkannt, dass das Glückszentrum im Nucleus Accumbens liegt, der Hirnregion, die für Sucht, Belohnung und Glück zuständig ist. Süchte sind offenbar der verirrte Versuch, durch Belohnung das Glück zu finden.

Der Weg zu meinem persönlichen Glück ist es, ohne Angst, Sorge und Hass zu leben. Stattdessen versuche ich, mein Leben mit Liebe, Fröhlichkeit und Leichtigkeit auszufüllen. Ich vertraue auf die höhere Macht, die mir immer beigestanden ist. Dadurch ist mein Leben wert- und sinnvoll.

Suchtverhalten ist dadurch gekennzeichnet, dass man immer mehr vom berauschenden Stoff braucht und die Dosis immer stärker erhöht werden muss, damit man etwas spürt. Drogen sind mit Recht verboten, doch Geiz, Gier und Neid werden in der Werbung propagiert. Immer schneller immer mehr bekommen, scheint für viele die Devise zu sein. Wie lächerlich mutet da folgender Satz an: „Lebe einfach, erwarte wenig, gib viel." Alle großen Persönlichkeiten, die ich getroffen habe, haben bescheiden gelebt und waren völlig „normal", nicht abgehoben, sondern sympathisch und natürlich.

Glück ist kein Allgemeinzustand, sondern stets ein besonderer Augenblick. Gelingt es uns, viele solcher Glücksmomente aneinander zu reihen, dann ergibt sich daraus ein glückliches Leben.

Wir können durch unsere Haltung, unsere Einstellung, unseren Glauben und unser positives Denken Glücksmomente hervorrufen. Wenn ich gefragt werde, wie das geht, dann empfehle ich, eine Liste mit Glücksmomenten zu schreiben. Vielleicht gibt es zur einen oder anderen Situation sogar ein Foto oder eine andere Erinnerung. Wenn es dir einmal schwer fällt, glücklich zu leben, wenn es dir nicht so gut geht, dann schau dir die Liste und die Fotos an und erinnere dich, wie es sich anfühlt, gut gelaunt zu sein. Wie siehst du aus, wenn du lachst, wie klingt dein Lachen und wie reagieren die anderen auf dich. Es ist so schön zu leben!

Wenn ich missmutig und nicht gut drauf bin, dann besuche ich das Café im Rehabilitationszentrum Weißer Hof, davon habe ich schon erzählt. Oder ich besuche eine Nachmittagsvorstellung im Kino, zum Beispiel das Dschungelbuch, das seit 1967 Millionen Kinder und Erwachsene glücklich gemacht hat. Wenn ich die Kinder lachen höre, dann geht es mir schlagartig besser, da brauche ich keinen Therapeuten.

Wer sich selbst liebt, der ist sich zu schade, sein Leben unglücklich zu verbringen. Mit gesundem Egoismus sollte man sich um positive Gedanken bemühen, damit es nicht nur uns selbst, sondern auch den anderen besser geht. Es ist doch schöner, in ein glückliches, fröhliches Gesicht zu blicken. Schau mich ruhig an.

„Letztlich geht es um die Liebe:
Liebt einander, wie ich Euch geliebt habe."

BURKHARD ELLEGAST

Am Ende unseres gemeinsamen Weges

THOMAS J. NAGY

Mittlerweile ist es Mitte Mai geworden. Helmut Maurer und ich haben viele Stunden miteinander und mit unseren GesprächspartnerInnen verbracht. Dicke Notizbücher, zahlreiche lose Blätter mit Aufzeichnungen habe ich gelesen, viele spannende Geschichten habe ich neu, aber auch wiederholt gehört. Dabei habe ich Helmut Maurer noch genauer kennen gelernt, bin ihm noch näher gekommen.

Am Anfang habe ich nach einem „Muster" gesucht, um seinen breiten Erfahrungsschatz in die richtige Form zu bringen. Das war schwer, weil er vom Hundertsten ins Tausendste kommt, eine Anekdote die andere jagt und man zu manchen Themen ganze Bücher schreiben könnte.

Wir haben eine Liste mit Inhalten angefertigt, die Helmut wichtig sind. Immer mehr neue Punkte sind hinzu gekommen, nur wenige Themen haben wir wieder gestrichen. Was passiert, wenn wir auf etwas Wichtiges vergessen haben? Haben wir darauf vergessen, dann wird es wohl nicht so wichtig gewesen sein. Ich ahne, wie voll sein Kopf mit guten Gedanken ist, doch gleichzeitig wollen wir ein möglichst dünnens Buch zum Nachschlagen schreiben, das man auch gerne liest, das am Nachttisch liegt - oder auch am Klo. Ja, dort hat man Zeit und Ruhe, um über die wichtigen Dinge des Lebens ungestört nachzudenken.

Anmerkungen unserer GesprächspartnerInnen zu den einzelnen Themen haben wir nur zitiert, ohne Kommentar, völlig pur. Die Leser können sich so die beste Meinung bilden. So entstanden Redundanzen und Kontraste. Spannend!

Ist es genug? Wann ist es genug? 63 Lebens- und 47 Versicherungsjahre lassen sich nur in groben Ansätzen zwischen zwei Buchdeckel schreiben. Selbst wenn wir unlesbare 1000 Seiten geschrieben hätten, wäre es nicht genug gewesen. Wie war das Geheimnis der Krautfleckerln von der Tante Jolesch? Es waren immer zu wenig.

Wie viel kann man jungen Menschen mit auf den Weg geben? Was brauchen sie? Bestimmt nicht alles, sondern nur das, was sie mitnehmen wollen. Was das ist, das bestimmen sie, das bestimmen die LeserInnen. Unter ihnen werden auch erfahrene Menschen sein, die hoffentlich Gefallen an der Idee finden, als Mentoren ihr Wissen und ihre Erfahrungen weiterzugeben. Was sie Nützliches von Helmut Maurer aufgreifen, das entscheiden auch sie.

So gut wie möglich haben wir die Themen ausgewählt und die Inhalte niedergeschrieben. Dabei haben sich unsere beiden Welten oftmals auf kongeniale Weise ergänzt, sodass wir bei der einen oder anderen Textpassage gar nicht mehr sagen können, wer wen inspiriert hat. Das ist auch vollkommen egal, denn wir haben dieses Werk mit Freude und Begeisterung gemeinsam geschrieben.

Was sind die großen Weisheiten des Lebens? Am Anfang haben wir die Erwartungshaltung sehr hoch gesteckt, doch jetzt fällt uns auf, dass es die vielen Kleinigkeiten sind, auf die es im Leben ankommt. Nichts Hochtrabendes, sondern das, was jeder an jedem Tag so macht bzw. machen könnte. Um glücklicher, zufriedener, gesünder und erfolgreicher zu leben, braucht man kein Studium und auch kein Diplom, sondern einfach die Bereitschaft, sich auf sich selbst einzulassen und dabei zu entdecken, was in einem steckt. Ich habe mich auf Helmut Maurer eingelassen und dabei einen sehr vielseitigen, lebenserfahrenen, selbstsicheren, gläubigen, aber auch genussvollen Mann entdeckt, mit dem ich einiges teilen kann, nicht nur die Erinnerungen an die Alte Kaserne.

Was getan werden konnte, wurde getan, jetzt liegt es an Ihnen. Wir sitzen am Ende eines Abschnittes unseres gemeinsamen Weges im Esszimmer von Helmut Maurer zusammen. Auf die gute Zusammenarbeit muss angestoßen werden, selbstverständlich mit einem guten Tropfen aus Niederösterreich. Prost!

Der Reinerlös dieses Buches kommt dem Projekt Mauritiushof zugute

„Ich hatte einen Beruf, der bis zu meinem letzten Arbeitstag auch meiner Berufung entsprach. Dafür bin ich sehr dankbar, deshalb möchte ich heute auch etwas zurückgeben – jungen Menschen, die im Berufsleben erst Fuß fassen müssen und auf ihre Weise erfolgreich sein wollen. Menschen, die aber auch Freude bei und mit ihrem Tun haben und dabei glücklich leben wollen.
Als mir die NÖ Wirtschaftskammerpräsidentin Sonja Zwazl von ihrem Engagement für den Mauritiushof erzählte, war für mich sofort klar, dass ich dieses wichtige Projekt für junge Menschen mit dem Reinerlös dieses Buches unterstützen werde."

HELMUT MAURER

Das Projekt Mauritiushof soll jungen Menschen dazu dienen, neue Impulse und Ideen zur Lebensplanung zu erhalten. Ein Team aus professionellen TrainerInnen steht zur Verfügung. Diese TrainerInnen sind seit vielen Jahren in der Förderung und Psychotherapie von Menschen, der Entwicklung von Projekten oder neuen wirtschaftlichen Konzepten tätig.

Das Zentrum Mauritiushof selbst besteht aus der Familie Schaufler und vielen Tieren. Etwa 40 Pferde und Ponys, drei Hunde, sechs Katzen, eine Gruppe Zeburinder, eine Ziegenherde, viele Hühner, Wachteln, Gänse, Enten, Meerschweinchen und Bienen leben am Mauritiushof.

Das Zentrum Mauritiushof ist ein Lehrgangs- und Seminarort der besonderen Art, gleichzeitig Ordination von Dr. med. Dieter Schaufler für Allgemeinmedizin, Kräuterheilkunde, Psychotherapeutische Medizin und Tiergestützte Medizin. Wir produzieren Honig, Ziegen-, Zebu- und Stutenmilch.

Das Leben am Mauritiushof ist geprägt von der umgebenden rauen Natur des Waldviertels und dem natürlichen Herden- und Sozialverhalten unserer Therapietiere. In diesem Umfeld lassen sich auch grundlegende Werte menschlichen Zusammenlebens leichter vermitteln. Verantwortung für andere, Verständnis für Leistung und soziale Eingliederung werden am Beispiel der natürlichen Abläufe am Hof greifbar und anschaulich vermittelt. Auch in der Herde hat jedes Tier seinen Platz und seine Aufgabe. In der Begegnung mit unseren Tieren können neue Beziehungsmuster erlebt werden. Das ist das Grundprinzip der Tiergestützten (Psycho)Therapie.

Viele gemeinsame Aktivitäten können wir am Mauritiushof anbieten:

- Einzelcoachings und Gruppengespräche, systemische Orientierungsgespräche – oft mit der gesamten Familie;
- kleine Arbeiten am Hof, wie das Füttern unserer Tiere, und kreative Tätigkeiten, wie Töpfern, Holz- und Specksteinschnitzerei, als Einstieg zu Arbeitsprozessen;
- Ziegentrekking, Kräuterwanderungen, Arbeit mit und rund um unsere Tiere, Lagerfeuerrunden als Gruppenerfahrung;
- Firmenbesuche, Ausflüge und Exkursionen zur Erweiterung des persönlichen Horizontes;
- Initiativbewerbungen, Organisation von Vorstellungsgesprächen und Behördenwegen, Begleitung und Transport zu Terminen vom Vorstellungsgespräch bis zum Moped-Führerschein ...

All das gehört zu unserem Arbeitsauftrag.

Unsere Arbeit fördert

- Entwicklung der eigenen Kreativität
- Entwicklung eigener Ziele und Perspektiven
- Ressourcenentwicklung und -optimierung
- neue Ideen

- Freude an dem, was man tut
- soziale Kompetenz und Gruppenfähigkeit
- eigene Persönlichkeit
- eigene praktische wirtschaftliche Konzepte

Am Ende der gemeinsamen Zeit am Zentrum Mauritiushof sollen TeilnehmerInnen wissen

- wo sie im Moment gerade im Leben stehen;
- welche unmittelbaren Ziele angestrebt werden;
- welche die geeignete weiterführende Ausbildung ist;
- wo sie nun eine Lehrstelle bekommen können;
- wo sie im erlernten Beruf Arbeit finden.

Das Projekt Mauritiushof dauert jeweils drei Monate. Dabei sind zwei Gruppen zu maximal je zehn TeilnehmerInnen möglich. Beide Gruppen sind so organisiert, dass sich eine Woche am Hof mit einer Woche zu Hause abwechselt. Dadurch kann Erworbenes im Realleben ausprobiert und auf die Tauglichkeit im eigenen Leben geprüft werden. Die Nachbearbeitung ist so laufend für uns als TrainerInnen-Team möglich.

Der Wochenablauf sieht so aus, dass wir montags um 10:00 Uhr unsere TeilnehmerInnen mit einem Kleinbus jeweils von den Sammelpunkten beim Hauptbahnhof Krems und Busbahnhof Zwettl abholen. Frühstück und Abendessen gibt es am Mauritiushof, das Mittagessen in umliegenden Gasthöfen. Für die Übernachtung der TeilnehmerInnen stehen Ferienappartements in der nächsten Umgebung bereit. Freitag, nach dem Mittagessen, treten wir die Rückfahrt zu den Sammelpunkten an.

Zentrum Mauritiushof
Rappoltschlag 13
3914 Waldhausen
Telefon: 02877 / 20059

Weitere Informationen finden Sie auf unserer Homepage:
www.zentrum-mauritiushof.at
info@zentrum-mauritiushof.at

Coaching am Rande des Burnout

Dieses Buch ist ein gelungenes Werk, das sich praxisnah an Coaches, PsychotherapeutInnen und MedizinerInnen, aber auch an Geschäftsführer, Personal-ManagerInnen und EntscheidungsträgerInnen in Unternehmen wendet und auch Betroffenen bzw. jene, die prophylaktische Strategien suchen, eine kompetente und unterhaltsame Orientierungshilfe bietet.

„Das Thema ist wichtig uns ernst – der Umgang mit Burnout. Die frische, lebendige Form, in der wir es serviert bekommen, ist umso überraschender. Ich bin froh, dass es dieses Buch gibt."
UNIV.-PROF. DR. MATTHIAS VARGA VON KIBÉD

Bestellung: office@meisterklasse.at
ISBN 978-3-9502164-5-5, EUR 22,00

BURNOUT – Ring of Fire, Multiprofessionelle Stress- und Burnout-Prävention

Stress und Burnout werden vorwiegend durch medizinische und/oder psychotherapeutische Maßnahmen behandelt, doch liegen die Ursachen häufig in darüber weit hinausgehenden Fachbereichen. So wichtig Medikamente auch sind, lassen sich Probleme mit Fremdwährungskrediten, Schulden oder einem geschiedenen Partner damit nicht aus der Welt schaffen. Und Psychotherapie wird nicht zielführend sein, wenn arbeits- und sozialrechtliche Fragen beantwortet werden müssen.

In diesem Werk wurde das multiprofessionelle Know-how für BeraterInnen, TherapeutInnen, ÄrztInnen, Coaches, Firmenchefs und PersonalmanagerInnen, aber auch für MitarbeiterInnen, die sich präventiv schützen wollen, zusammengefasst. Die einzelnen Disziplinen sind miteinander verschränkt, wodurch die Schlussfolgerung naheliegend ist, sich bei der multiprofessionellen Burnout-Prävention an ein kompetentes ExpertInnen-Team zu wenden.

Bestellung: office@meisterklasse.at
ISBN 978-3-9502164-6-2, EUR 24,20